Coléoptères

Coléoptères

Texte de Svatopluk Bílý

Illustrations de Alena Čepická

Adaptation française do Noëlle Akoa

Gründ

GARANTIE DE L'ÉDITEUR

Pour vous parvenir à son plus juste prix, cet ouvrage a fait l'objet d'un gros tirage. Malgré tous les soins apportés à sa fabrication, il est malheureusement possible qu'il comporte un défaut d'impression ou de façonnage. Dans ce cas, ce livre vous sera échangé sans frais.

Veuillez à cet effet le rapporter au libraire qui vous l'a vendu ou nous écrire à l'adresse ci-dessous en nous précisant la nature du défaut constaté. Dans l'un ou l'autre cas, il sera immédiatement fait droit à votre réclamation.

Librairie Gründ — 60, rue Mazarine — 75006 Paris

Adaptation française de Noëlle Akoa
Texte original de Svatopluk Bílý
Illustrations de Alena Čepická
Arrangement graphique par Eva Adamcová
Première édition française 1990 par Librairie Gründ, Paris

ISBN: 2-7000-1824-9
Depôt légal: avril 1990
Édition originale 1990 par Artia, Prague

Imprimé en Tchécoslovaquie par Svoboda, Prague
3/15/24/53-01

AVANT-PROPOS

Les Coléoptères (*Coleoptera*) constituent l'un des ordres les plus riches de la classe des Insectes (*Insecta*). Quelques deux millions d'espèces d'Insectes ont déjà été décrites, et des dizaines, voire des centaines et des milliers d'autres restent encore à découvrir. La classe des Insectes est divisée en 29 ordres, dont certains ne comptent que quelques dizaines d'espèces, alors que pour les ordres des Diptères, Hyménoptères, et Lépidoptères notamment, on possède la description de centaines de milliers d'espèces. De même, dans le groupe des Coléoptères, près de 400 000 espèces sont aujourd'hui connues, dont environ 12 000 vivent dans toute l'Europe.

L'ordre des Coléoptères présente une immense diversité. Le nombre extraordinaire d'espèces, leur répartition sur l'ensemble de la planète et leur capacité d'adaptation à des milieux très différents en sont la cause. Certains de ces Insectes ont une taille minuscule, d'autres sont de véritables géants. Ainsi, le plus petit, qui appartient à la famille des Ptiliidés, mesure à peine 0,5 mm de long, alors que les espèces géantes de la famille des Cérambycidés peuvent atteindre une longueur de 20 cm. Les Coléoptères présentent également une grande diversité de formes et de couleurs. Celles-ci couvrent l'ensemble de la palette, et forment souvent des combinaisons variées dans les tons brillants.

De nombreux Coléoptères jouent un rôle économique important. Ils peuvent être utiles ou nuisibles, et dans ce dernier cas, comptent dans leurs rangs certains des Insectes les plus ravageurs. Voilà pourquoi nous devons apprendre à les connaître de façon détaillée. De plus, la pollution de l'environnement est à l'origine de la disparition d'un grand nombre d'espèces et d'ici à quelques années, nous devrons sans doute nous contenter de photographies lorsque nous voudrons observer certains Coléoptères, aujourd'hui encore assez répandus. Il nous est impossible de présenter dans ce livre l'immense diversité de ces Insectes, même en limitant notre étude aux espèces originaires d'Europe. Cet ouvrage présente donc uniquement les espèces d'Europe les plus importantes et les plus remarquables, ainsi que les familles les plus intéressantes de cet ordre d'Insectes tout à fait passionnant. À ceux qui désirent des informations plus détaillées sur l'étude et l'identification des Coléoptères d'Europe centrale par exemple, nous conseillons la lecture de deux livres qui traitent de toutes les espèces vivant dans cette région. Il s'agit de l'ouvrage classique en cinq volumes *Fauna Germanica* de E. Reitter, publié en 1908—1916, et de sa version moderne en douze volumes intitulée *Die Käfer Mitteleuropas* de H. Freude, K. W. Harde et G. A. Loshe, dont l'édition débuta en 1964.

MORPHOLOGIE

Le cycle de développement des Coléoptères comprend les stades suivants: l'œuf, la larve, la nymphe (ou pupe) et l'imago (ou adulte).

Les œufs ont une forme ovale, ellipsoïdale, ou plus rarement sphérique. Le revêtement externe de l'œuf, appelé chorion, peut avoir différentes couleurs, mais il est le plus souvent blanc ou blanc ivoiré, et plus ou moins richement sculpté. Ce chorion est généralement constitué de lipoprotéines. Il a un rôle de protection, permet les échanges gazeux entre l'embryon et le milieu extérieur (respiration), et évite également que l'œuf ne se dessèche, ou inversement que l'eau ne pénètre à l'intérieur. L'œuf est constitué d'un noyau, d'un plasma et d'un vitellus qui fournit les éléments nutritifs à l'embryon pendant son développement.

En règle générale, la femelle pond les œufs séparément ou en petits groupes, et les dépose dans le sol ou sur un substrat dont les larves se nourriront. Les œufs sont parfois entourés d'une enveloppe protectrice (sécrétion qui durcit à l'air), et dans de rares cas, sont déposés dans une capsule spéciale appelée cocon (voir *Hydrous piceus*).

Lorsque l'embryon a achevé son développement, une larve, ou premier stade larvaire, sort de l'œuf, le plus souvent en mangeant ou en déchirant le revêtement externe de ce dernier avec des «dents», situées habituellement sur la tête et qui y resteront jusqu'à la fin du premier stade larvaire.

Au cours de son développement, la larve traverse plusieurs stades larvaires (deux au moins). Le nombre de ces stades est constant (voir les Carabidés), ou variable selon la qualité de la nourriture, de l'humidité et de la température (voir les Buprestidés et les Cérambycidés). La larve mue pour passer d'un stade larvaire à l'autre. C'est un phénomène complexe, contrôlé par des hormones, au cours duquel l'ancienne enveloppe ou cuticule se déchire et est remplacée par une nouvelle peau. Les restes de cuticules constituent l'exuvie.

Il existe deux types de larves de Coléoptères: les larves oligopodes et les larves apodes (Fig. 1). Les larves oligopodes, comme par exemple les larves de Lammellicornes, Carabidés, Staphylinidés, Ditiscidés, Coccinellidés, etc., portent sur le thorax des membres bien formés alors que les segments abdominaux en sont habituellement dépourvus. Les larves apodes, elles, ne portent d'appendices développés ni sur le thorax ni sur l'abdomen. Elles sont le plus souvent de couleur blanche, ont un corps non sclérifié (dépourvu de chitine), et vivent habituellement dans les tissus végétaux (larves endophytes), comme par exemple les larves de Buprestidés, Cérambycidés, Curculionidés, etc. Enfin, les larves de Coléoptères ont habituellement un appareil buccal broyeur bien développé.

Chez les larves parasites, on rencontre parfois des phénomènes de polymétabolisme. Dans ce cas, les différents stades larvaires présentent de nettes variations morphologiques. Au premier stade, la larve

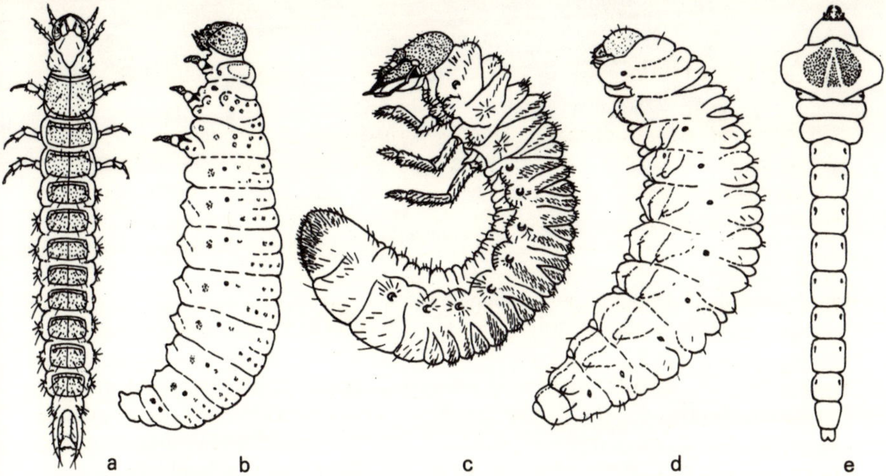

Fig. 1 Larves de Coléoptères: oligopodes (a, b, c) et apodes (d, e).
a — Carabidés, b — Chrysomélidés, c — Scarabéidés, d — Curculionidés, e — Buprestidés

se déplace, vit librement, et recherche activement un organisme hôte. Les larves des stades suivants se développent plus ou moins en parasites, se déplacent très peu, et ont des membres peu développés. On rencontre ce mode de développement chez certains Carabidés (genre *Brachinus*, *Aptinus* et *Lebia*), Staphylinidés (sous-famille des Aléocharinés) et Coléoptères de la famille des Rhipiphoridés. Étroitement liée à ce phénomène, l'hypermétamorphose comporte un stade quiescent (de repos) supplémentaire (pré-nymphe) précédant le stade nymphal. Ce type de développement très complexe a par exemple été observé chez les Méloïdés.

Le stade nymphal est un stade d'inactivité au cours duquel les organes larvaires subissent une transformation complexe pour devenir les organes de l'Insecte adulte (organes imaginaux). Pendant cette transformation, il se produit une dissolution complète des tissus (histogénèse) et la formation des organes de l'Insecte adulte à partir des disques imaginaux. C'est uniquement au cours du stade nymphal que l'on peut observer l'emplacement des organes externes de l'adulte, notamment les ailes et les organes génitaux. Contrairement aux

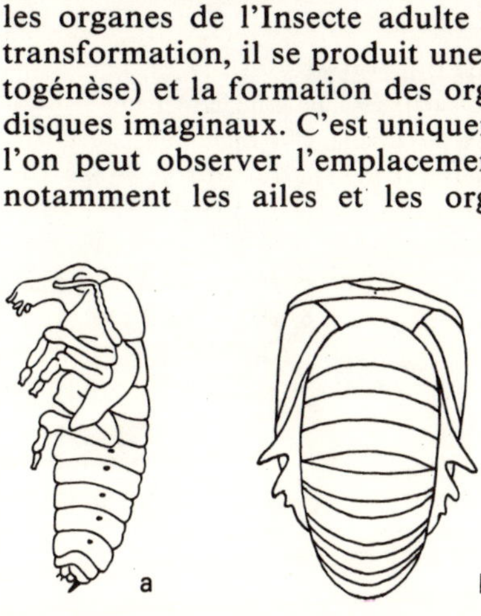

Fig. 2 Nymphes de Coléoptères:
a — nymphe exarate — Curculionidés,
b — nymphe obtecte — Coccinellidés

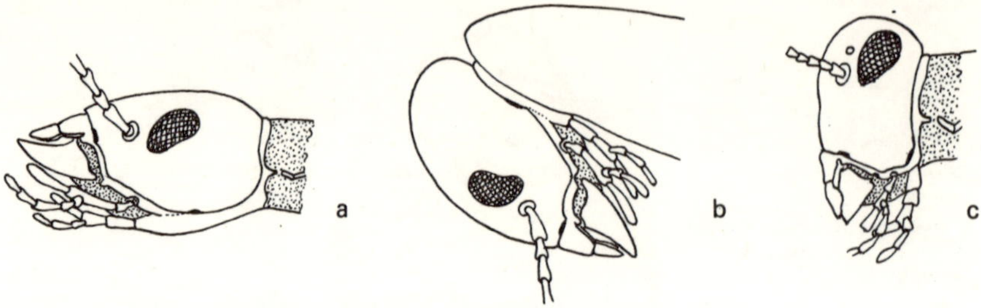

Fig. 3. Têtes de Coléoptères: a — prognathe (Staphylinidés), b — opisthognathe (Mordellidés), c — hypognathe (Buprestidés)

nymphes des autres ordres d'Insectes qui ont un appareil buccal (nymphe dectique), les nymphes de Coléoptères en sont dépourvues (nymphe adectique) mais possèdent un étui mandibulaire non sclérifié et solidement fixé à la tête (Fig. 2). Chez les Coléoptères, on en distingue deux sortes: les nymphes exarates et les nymphes obtectes. Les premières sont de couleur blanche à blanc-crème, ont les appendices du corps (ailes, pattes, antennes, etc.) libres et le corps non sclérifié. Elles sont généralement enveloppées dans une cellule nymphale ou cocon. On les rencontre chez une grande majorité de Coléoptères. La nymphe obtecte, elle, a tous les appendices soudés au corps par le liquide exuvial (produit lors de la mue) qui durcit à l'air. Sa cuticule est sclérifiée et très pigmentée. Cette nymphe emmaillotée est beaucoup moins commune chez les Coléoptères. On la rencontre par exemple dans la famille des Staphylinidés et des Coccinellidés, et chez certains Chrysomélidés.

Les Coléoptères ont un corps divisé en trois parties: la tête, le thorax et l'abdomen.

La tête peut être située dans le prolongement de l'axe longitudinal du corps, les pièces buccales orientées vers l'avant (tête prognathe) ; elle peut être inclinée à angle droit par rapport à l'axe du corps (tête hypognathe); elle peut enfin être inclinée vers le bas et vers l'arrière

Fig. 4 Schéma des pièces buccales broyeuses des Coléoptères
A — face dorsale, B — face ventrale: a — œil, b — antenne, c — palpe maxillaire, d — palpe labial, e — labre, f — maxille, g — mandibule, h — clypéus, i — front, j — labium, k — praementum, l — gula

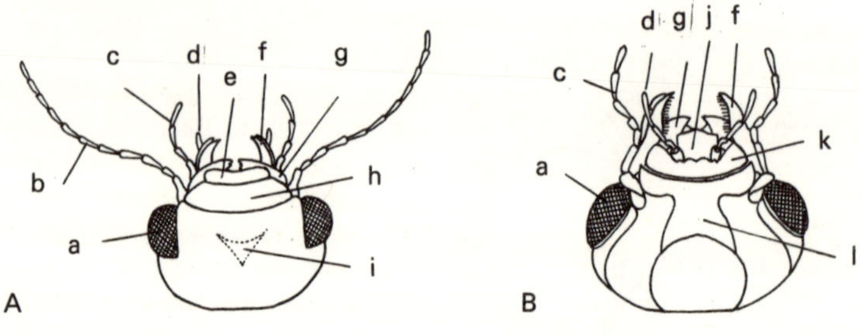

(tête opisthognate) — Fig. 3. L'appareil buccal est toujours de type broyeur, excepté dans la sous-famille des Némognathinés et des Méloïdés, dont les membres ont des pièces buccales suceuses. L'appareil buccal broyeur (Fig. 4) est constitué de la lèvre supérieure (ou labre), articulée sur le bord antérieur du capuchon de la tête (ou clypéus). Sous le labre, on trouve les mandibules (paire de mâchoires supérieures), puis les maxilles (deuxième paire de mâchoires), et enfin la lèvre inférieure (labium). Le labre est généralement sclérifié (recouvert de chitine) sur sa partie supérieure, et membraneux sur la face interne couverte de soies sensorielles (épipharynx). Les mandibules sont toujours très fortement sclérifiées, falciformes, et peuvent atteindre des dimensions surprenantes chez les mâles de certaines espèces (voir les Lucanes). Dans le cas des Coléoptères à digestion externe (Ver luisant), un canal étroit dans la mandibule permet à l'insecte d'injecter des sucs digestifs à l'intérieur de sa proie. Les maxilles comprennent deux pièces basilaires (le cardo et le stipe) qui portent d'une part, deux lobes externes (la galéa et la lacinia), et d'autre part, les palpes maxillaires constitués de quatre articles. De même, le labium comprend deux articles basilaires (le praementum et la gula) portant deux lobes, la glosse et la paraglosse, ainsi que les palpes labiaux composés de trois articles. À l'intérieur de la cavité buccale, entre le labium et les maxilles, se trouve une lèvre membraneuse (hypopharynx) couverte de soies et papilles servant d'organes gustatifs.

Sur la tête, les appendices les plus remarquables sont les antennes mobiles, articulées à la base en un point. Les antennes des Coléoptères comportent généralement 11 segments. Ce chiffre est parfois très inférieur du fait du mode de vie de certains Insectes parasites (famille des Clavigéridés et des Paussidés). Inversement, les antennes de certaines espèces comptent 12 articles (les mâles de quelques espèces de Longicornes des genres *Molorchus, Agapanthia* et *Prionus*), ou bien le nombre d'articles peut atteindre secondairement près de 40 unités (mâle d'un Coléoptère Longicorne du genre *Polyarthron*). Les antennes des Coléoptères ont des formes très variées (Fig. 5) : antennes sétacées simples des Carabidés, antennes serriformes (en dents de scie), pectinées (en forme de peigne), capitées, antennes diversement coudées ou en forme de soucoupes des Coléoptères myrmécophiles et termitophiles. Les antennes sont avant tout le siège de l'odorat et du toucher, mais elles peuvent également capter des ondes électromagnétiques, détecter l'humidité, les radiations infrarouges ainsi que d'autres phénomènes physiques.

Les yeux des Coléoptères sont en général bien développés. Les yeux composés comportent un très grand nombre de minuscules surfaces appelées ommatidies (Fig. 6). Chaque ommatidie est constituée d'un cristallin et d'un récepteur et élabore une image d'une portion donnée de l'espace. Les images produites par les différentes ommatidies sont ensuite combinées dans le cerveau pour former une mosaïque d'images et reconstituer le champ de vision. Les yeux composés

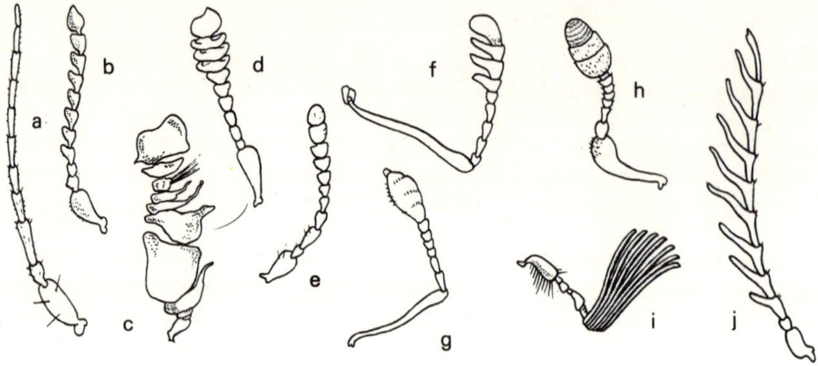

Fig. 5 Antennes de Coléoptères: a — filiforme, b — serratiforme, c — très modifiée (Cerocoma), d — capitée, e — moniliforme, f — coudée-lamelliforme, g — coudée-claviforme, h — coudée-capitée, i — lamelliforme, j —pectinée

des Coléoptères peuvent être grands et globuleux (voir les Cicindélidés), ovoïdes, réniformes ou ellipsoïdaux ; ils sont parfois petits, sphériques, et dans de rares cas, font totalement défaut. Une telle dégénérescence existe chez certaines espèces de Carabidés cavernicoles ou vivant en permanence dans le sol, chez certains membres de la famille des Clavigéridés habitant dans les fourmilières, et chez toutes les espèces de la famille des Bathyscidés. Parfois, l'œil est divisé en deux parties, soit par la base des antennes, soit par plusieurs stries (Tourniquets, Longicornes et Lucanes).

Les yeux simples (ocelles) existent rarement chez les Coléoptères, mais s'il y en a, ils sont toujours accompagnés d'yeux composés ; les ocelles se situent alors entre les yeux composés, comme par exemple chez certains Dermestidés.

Le thorax des Coléoptères est divisé en trois parties : le prothorax, le mésothorax et le métathorax. L'élément le plus volumineux est la plaque dorsale ou pronotum (Fig. 7), généralement plate ou légèrement convexe et très diversement sculptée. La seule partie visible du mésothorax est le scutellum, le plus souvent semi-circulaire, pentagonal ou triangulaire, enserré à la base des deux élytres. Dans de rares cas, le scutellum est masqué soit par les élytres, soit par la bordure postérieure du pronotum. Le métathorax n'est jamais visible sur la face dorsale.

Les trois segments thoraciques portent au moins une paire d'appendices : une paire de pattes sur chaque segment, plus une paire d'ailes sur le mésothorax et le métathorax. Les ailes supérieures ou élytres sont dures, fortement sclérifiées et recouvrent généralement tout l'abdomen et la seconde paire d'ailes. Parfois plus courtes que le corps, elles ne recouvrent pas entièrement l'abdomen. Dans ce cas, les ailes membraneuses sont repliées sous les élytres (comme chez la majorité des Staphylinidés), ou bien débordent des élytres et recouvrent l'abdomen (voir certains Longicornes : *Molorchus, Glaphyra, Necydalis,*

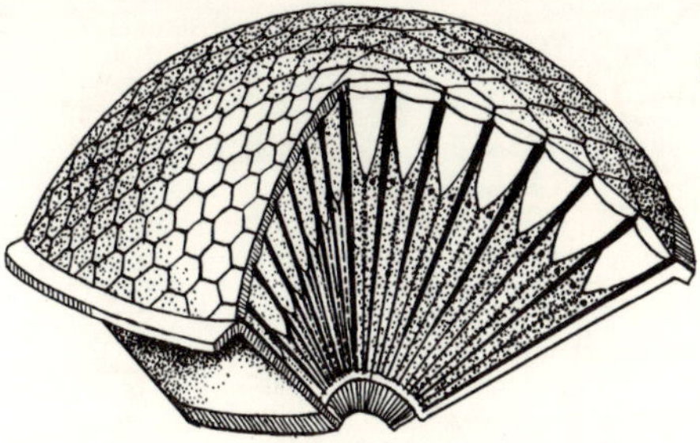

Fig. 6 Schéma d'un œil composé de Coléoptère

etc., la famille des *Rhipidius,* certaines espèces de Méloïdés : *Sitaris*).

Les ailes inférieures sont membraneuses, ont une nervation plus ou moins développée, et servent au vol. Cependant, il arrive fréquemment que ces ailes inférieures soient atrophiées et ne forment plus qu'une simple bandelette, ou soient non fonctionnelles, comme par exemple chez certains Carabidés, Curculionidés, Méloïdés du genre *Meloë*, Longicornes du genre *Dorcadion*, et de nombreuses autres espèces. Les ailes membraneuses de certains membres de la famille des Ptiliidés ont une structure pennée, et certains Coléoptères ne possèdent même pas d'ailes ni d'élytres rudimentaires. Les femelles de la famille des Lampyridés et des Drilidés sont devenues secondairement aptères (sans ailes).

La plupart des Coléoptères ont des pattes adaptées pour la marche. Les espèces comme les Cicindélidés, qui se déplacent rapidement en courant, ont des pattes extrêmement longues et fines — modification fondamentale la plus simple de ce type de patte (Fig. 8). Certains membres de la famille des Scarabéidés et des Ténébrionidés ont des pattes fouisseuses. Les Coléoptères de la famille des Alticidés, de certains Charançons (genre *Orchestes*), et de certaines espèces de Serro-

Fig. 7 Schéma du corps d'un Coléoptère: A — face dorsale, B — face ventrale: a — tête, b — tarse, c — antenne, d — pronotum, e — scutellum, f — tibia, g — élytre, h — fémur, i — griffes, j — gula, k — prothorax, l — mésothorax, m — métathorax, n — hanche, o — trochanter, p — abdomen (segments abdominaux)

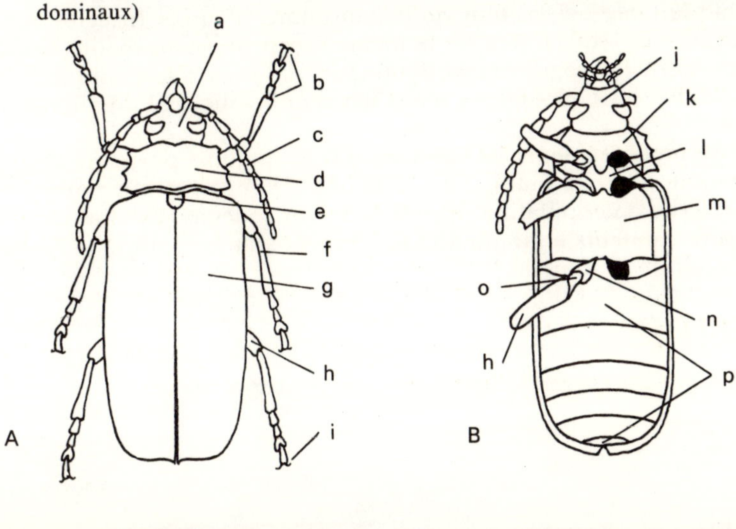

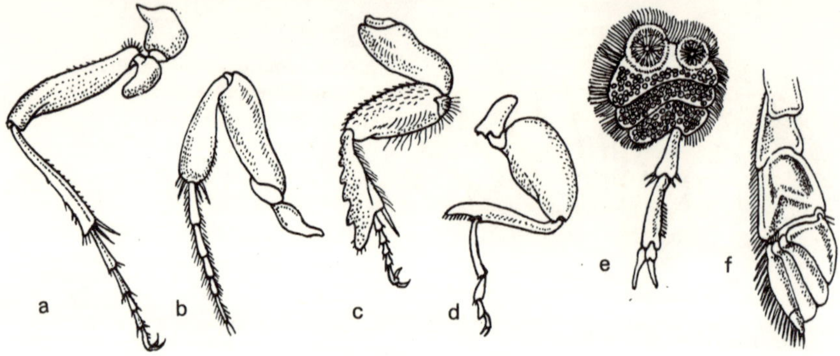

Fig. 8 Pattes de Coléoptères, adaptées pour: a — courir, b — nager, c — creuser, d — sauter, e — adhérer, f — ramer

palpidés ont des pattes adaptées pour le saut. Les familles des Dytiscidés, Haliplidés et Gyrinidés, et certaines espèces d'Hydrophilidés ont des pattes adaptées à la nage.

La patte d'un Coléoptère (et d'un Insecte en général) comprend la hanche, le trochanter, le fémur, le tibia et le tarse composé de trois à cinq articles ayant subi des modifications plus ou moins importantes. Le dernier article porte deux griffes (plus rarement une seule). Ces griffes sont simplement courbées, falciformes ou en forme de crochets et peuvent porter une ou de nombreuses dents. Souvent, les articles du tarse sont munis, sur leur face interne, de soucoupes, coussins, ventouses, etc. qui assurent une bonne adhérence pour la locomotion ou lors de la copulation.

Au stade embryonnaire, l'abdomen compte onze segments, mais ce nombre diminue à l'âge adulte. Chez certaines espèces, le segment terminal de la femelle a subi des modifications et s'est transformé en ovipositeur télescopique et rétractable. Il sert, lors de la ponte, à déposer les œufs dans les fentes du sol, sous les écorces, dans le bois ou directement à l'intérieur des tissus végétaux. Les Coléoptères n'ont qu'un quasi-ovipositeur, dont le développement est totalement différent du véritable ovipositeur dont sont munis d'autres Insectes, mais qui fonctionne exactement de la même façon. Il est en réalité constitué des derniers segments abdominaux devenus télescopiques. Au stade adulte, les Coléoptères n'ont pas d'appendices abdominaux visibles.

Les derniers segments de l'abdomen font toujours partie de l'appareil génital. Chez le mâle, c'est le neuvième segment qui porte l'organe externe de copulation appelé pénis ou aedegus. Les huitième et neuvième segments abdominaux participent à la formation de l'appareil génital de la femelle.

NUTRITION

En fonction du régime alimentaire, on peut globalement classer les

Coléoptères en trois groupes : les carnivores, les végétariens et les polyphages. Cette classification très simplifiée est cependant suffisante pour la suite de l'ouvrage. Dans de nombreux cas, les larves et l'adulte ont des régimes alimentaires distincts, voire totalement différents, par exemple lorsque la larve est carnivore et l'adulte végétarien, comme chez certaines espèces de Taupins (Elatéridés) et de Méloïdés. Certains Coléoptères adultes de la famille des Lampyridés, des Drilidés et des Rhipiphoridés n'absorbent, eux, aucune nourriture. Même chez les végétariens, il existe une différence marquée entre l'alimentation des larves et celle de l'adulte. Dans un grand nombre d'espèces, la larve se nourrit de bois (larve xylophage), alors que l'adulte mange des fleurs ou du pollen (larves anthophages ou pollinophages). Ce phénomène est assez courant chez les espèces de la famille des Alléculidés, Mordellidés, Oedéméridés, Cérambycidés et Buprestidés.

Parmi les Coléoptères carnivores, on observe une très grande diversité de spécialisations. Tout d'abord, on distingue les prédateurs qui chassent des proies vivantes, le plus souvent des Insectes et leurs larves. Les Cicindélidés, la plupart des Carabidés, les Dytiscidés, Gyrinidés, Haliplidés ainsi que les larves de certains Taupins sont des Coléoptères prédateurs. Mais bien sûr, les prédateurs ne se nourrissent pas que d'Insectes et de larves. Ainsi, les larves et les adultes de grands Dytiscidés du genre *Dytiscus* complètent très souvent leur menu en consommant de petits Poissons, des têtards et même des Grenouilles adultes et des Tritons. De même, de grands Carabidés vivant dans le désert (espèces des genres *Scarites* et *Anthia*) capturent parfois des petits Lézards, les Geckos. Parmi les Coléoptères prédateurs, certains se nourrissent uniquement d'Escargots et de Limaces, notamment les larves des grands Carabidés des genres *Carabus* et *Procerus*, ainsi que les larves des Vers luisants.

Dans la catégorie des Coléoptères carnivores, on compte également les espèces parasites dont le cycle de développement se déroule à l'intérieur du nid d'Insectes sociaux (Fourmis, Termites, Guêpes, etc.), et qui se nourrissent des larves et des nymphes de leurs hôtes. C'est le cas de nombreuses espèces de Staphylinidés, Méloïdés, Rhipiphoridés et de certains membres de la famille des Thorictidés, Histéridés et Clérides. Un autre groupe de Coléoptères carnivores s'est spécialisé dans la consommation d'Aphidiens : ce sont les espèces aphidophages, regroupant un grand nombre de Coccinelles, dont les larves et les adultes chassent activement les Pucerons et les Cochenilles.

Les espèces nécrophages, qui se nourissent de matières animales en décomposition (essentiellement des cadavres de Vertébrés), appartiennent elles aussi à la catégorie des Coléoptères carnivores. Opérant comme des éboueurs, ceux-ci jouent un grand rôle dans l'élimination des déchets et constituent un maillon important de la chaîne alimentaire. Les plus connus sont les Coléoptères des charognes, mais certains Catopidés et Scarabéidés appartiennent également à ce groupe. Le régime alimentaire de certaines espèces nécrophages est tellement spécialisé que l'on s'interroge souvent sur le bien fondé de leur classification dans la catégorie des carnivores. C'est le cas notamment de certaines espèces de Trogidés et de certains Nitidulidés qui se nourrissent de graisses en état de décomposition avancée pourrissant sur de vieux cadavres desséchés, ainsi que de certains Dermestidés dont l'alimentation se compose de poils ou d'exuvies desséchées ainsi que de cadavres d'Insectes séchés prisonniers dans les toiles d'Araignées.

Enfin, les parasites vrais des Vertébrés constituent le dernier groupe de Coléoptères carnivores. En Europe, seules trois espèces, appartenant toutes à la famille des Leptinidés, vivent en parasites des Mammifères. L'une d'elles vit dans la fourrure des Rongeurs et des insectivores, la seconde dans les poils de Castors et la troisième dans la fourrure des Desmans (*Desmana moschata*) originaires d'U.R.S.S.

Les végétariens constituent une autre catégorie très vaste de Coléoptères. Ils regroupent toutes les espèces qui se nourrissent de tissus végétaux (vivants, morts, en décomposition) ou de produits végétaux. Les espèces consommant des tissus végétaux se répartissent globalement en deux groupes : les Coléoptères endophages, qui vivent dans la plante et en mangent les tissus, et les Coléoptères exophages qui, eux, vivent hors de la plante. Selon un autre critère, on distingue les Coléoptères végétariens consommateurs de tissus végétaux non ligneux, et les xylophages qui se nourrissent de bois et d'écorce. Il existe également des espèces dites mycétophages dont le régime alimentaire se compose de mycélium et de fructifications de champignons. Ces espèces sont très nombreuses, et des familles entières, telles les Mycétophagidés, les Endomychidés, Erotylidés, Lathridiidés, Cryptophagidés, Ptiliidés, Cisidés, Liodidés, et de nombreuses autres, se nourrissent uniquement ainsi. D'autres espèces se développent à l'intérieur des fruits (Byturidés) ou des graines (Bruchidés, certaines espèces de Curculionidés). La sève fermentée qui s'écoule des plaies des arbres est appréciée de très nombreux Coléoptères, notamment de certains Nosodendridés. Chez de nombreux Nitidulidés, Buprestidés et Longicornes, l'adulte mange le pollen des fleurs : l'espèce est dite pollinophage. Particulièrement intéressant parce que très spécialisé, le régime alimentaire de certains Phalacridés, notamment les espèces parasites des graminées, se compose, chez les larves et apparemment les adultes, de rouille des plantes et de fumagine.

Les Coléoptères coprophages ont un régime alimentaire tout à fait particulier. On les considère comme des phytophages car ils se nourrissent de débris végétaux qu'ils trouvent dans les excréments des Mammifères herbivores. La plupart des Coléoptères coprophages appartiennent à la famille des Scarabéidés et des Hydrophilidés.

Le dernier type de régime alimentaire concerne les Coléoptères polyphages, groupe auquel appartiennent les espèces se nourrissant de déchets organiques d'origine végétale ou animale, souvent partiellement décomposés. On trouve ces espèces dans la famille des Ténébrionidés, Scarabéidés, Histéridés, Cryptophagidés et Ptinidés.

Grâce aux mandibules de leurs pièces buccales, les Coléoptères broient ou aspirent les aliments. Dans la cavité buccale est logée une paire de glandes salivaires dont les sécrétions réalisent une première digestion. De là, les aliments passent dans l'œsophage, puis dans le jabot et le proventricule dont la surface de digestion est accrue par des vaisseaux de taille variée, présents en plus ou moins grand nombre, et sécrétant des sucs digestifs. Les aliments partiellement digérés continuent leur progression dans l'intestin moyen qui débouche sur des organes excréteurs (les tubes de Malpighi). Ceux-ci marquent l'entrée de l'intestin postérieur qui s'ouvre sur le rectum et l'anus, orifice postérieur de l'appareil digestif situé dans le dernier segment abdominal. Chez de nombreuses espèces, la zone du rectum reçoit les papilles rectales (particulièrement développées chez les espèces vivant dans le désert) qui assurent la réabsorption de l'eau et limite les pertes excessives.

Moins courante, la digestion extra-orale existe chez les larves des Dytiscidés, Haliplidés, Gyrinidés et Lampyridés. Grâce à leurs mandibules falciformes protégeant un étroit canal, les larves injectent dans leurs proies les sucs digestifs provenant de l'intestin antérieur. Puis, toujours par le canal mandibulaire, elles aspirent les parties molles partiellement digérées (liquéfiées) de l'organisme de leur proie.

RESPIRATION

L'appareil respiratoire des Coléoptères est constitué de conduits internes ou trachées dans lesquels circule l'air. Ces trachées se ramifient en tubules toujours plus fins dont les plus petits éléments s'appellent des trachéoles. Ces trachéoles alimentent tous les organes et les muscles importants et se ramifient jusque dans les ailes par l'intermédiaire des vaisseaux. À l'extérieur du corps, les trachées débouchent sur les stigmates, petites ouvertures réparties de chaque côté le long du thorax et de l'abdomen. Chez certaines espèces, notamment celles de grande taille, on peut observer le phénomène physique de respiration qui se manifeste habituellement juste avant l'envol.

Les Coléoptères s'adaptent de multiples façons aux différentes conditions du milieu, et ces phénomènes d'adaptation influent également sur leur mode d'alimentation en oxygène. Les larves de Coléoptères aquatiques (Dytiscidés, Haliplidés, Gyrinidés, Pséphénidés et certains Hydrophilidés) ont, de chaque côté des segments abdominaux, des branchies palmées qui leur permettent d'absorber l'oxygène de l'eau. De même, ils peuvent capter l'oxygène de l'atmosphère à l'aide de la paire de stigmates situés sur le dernier segment abdominal qu'ils projettent à la surface de l'eau. Les Coléoptères adultes qui vivent dans l'eau transportent une réserve d'air sous les élytres. Ils aspirent cet air atmosphérique en propulsant l'extrémité de l'abdomen ou des antennes à la surface de l'eau.

Des Coléoptères de la famille des Elmidés transportent de l'air emprisonné dans de petites soies imperméables et denses recouvrant la face ventrale du corps. Les larves de certains Chrysomélidés des genres *Plateumaris* et *Donacia,* qui vivent dans les plantes aquatiques, puisent dans la réserve d'air de leur hôte à l'aide d'un appendice en forme de crochet situé à l'extrémité de l'abdomen et qui leur permet d'utiliser directement l'oxygène stocké dans les tissus végétaux. La nymphe des Coléoptères de la petite famille des Pséphénidés dispose de trachéo-branchies. Ces dernières sont de longues excroissances de la paroi interne des stigmates grâce auxquelles la nymphe aquatique peut prélever l'oxygène de l'eau.

REPRODUCTION

La plupart des espèces de Coléoptères sont bisexuées. Seuls les mâles de quelques individus du genre *Otiorrhynchus* se font rares ou sont parfois absents. Les femelles donnent alors naissance à de nouveaux individus femelles sans que les œufs soient fécondés par les mâles. Ce mode de reproduction, appelé parthénogénèse, se rencontre également chez de nombreuses espèces de la famille des Micromalthidés.

Mâles et femelles se reconnaissent aux différentes substances odorantes, appelées phéromones sexuelles, qu'ils émettent et qui peuvent être captées par les individus du sexe opposé à des distances considérables. Dans certains cas, les deux sexes se localisent au moyen de signaux visuels, comme par exemple dans la famille des Phengodidés et Lampyridés et chez certains Coléoptères tropicaux du genre *Pyrophorus* ainsi que plusieurs autres genres apparentés. Mâles et femelles se reconnaissent parfois aussi à l'aide de signaux sonores — légers tapotements des Anobiidés, stridulations de certains Longicornes. Pendant la copulation, les cellules spermatiques sont transportées sous forme de paquets de spermatozoïdes appelés spermatophores, protégés dans des enveloppes protéiques de nature variée. La copulation est parfois précédée d'un comportement épigame : le mâle adopte différentes postures, ou bien deux mâles se battent en duel. L'individu le plus faible n'est pas tué mais abandonne le combat en s'envolant.

Pratiquement tous les Coléoptères sont ovipares : le développement de l'embryon se déroule à l'extérieur du corps de la femelle. Celle-ci pond les œufs dans des endroits ou la jeune larve pourra trouver immédiatement de la nourriture (sur différents organes végétaux pour les espèces végétariennes, sur des débris végétaux ou animaux pour les saprophages, sur les excréments pour les coprophages, et dans des endroits riches en proies pour les carnivores).

La viviparité (mode de reproduction où les petits naissent déjà développés et sans enveloppe) est peu répandue chez les Coléoptères, excepté chez une espèce de Chrysomélidés — *Chrysolina varians.* Les œufs se développent à l'intérieur du corps de la mère et sont nourris par l'épithelium folliculaire de l'ovaire. Le femelle «donne naissance» à une larve au stade émergent.

Après la ponte, la plupart des femelles de Coléoptères ne s'occupent plus de leur progéniture. Les soins parentaux les plus simples sont ceux prodigués par les Carabidés du genre *Molops*, chez lesquels la femelle veille sur les œufs jusqu'à l'éclosion des larves. La femelle d'une famille de Coléoptères tropicaux, les Passalidés, apporte des soins beaucoup plus élaborés : non seulement elle s'occupe des œufs, mais elle surveille les larves jusqu'à la nymphose. Enfin, les soins parentaux les plus sophistiqués sont ceux prodigués par les Scarabéidés coprophages. En effet, la femelle, parfois aidée du mâle, creuse souvent dans le sol un terrier à la structure assez complexe qu'elle remplit d'excréments sur lesquels elle pond les œufs. De plus, elle n'abandonne pas le nid avant que les larves aient atteint le stade nymphal. Bien souvent même, elle ne quitte plus le nid et y meurt.

LOCOMOTION

Les Coléoptères terrestres utilisent essentiellement deux modes de locomotion : la marche et le vol. Pour la marche (course, saut), ils se servent de leurs trois paires de pattes, articulées sur le thorax en un point. Les deux ailes inférieures membraneuses servent au vol. Elles disparaissent le plus souvent sous l'étui des élytres lorsque l'Insecte est au repos. Cependant, chez de très nombreuses espèces, les ailes ont dégénéré : les Insectes devenus aptères ne peuvent donc voler.

Lorsqu'il marche, lentement ou rapidement (course), le Coléoptère reste en contact avec le support sur trois pattes (théorie de la locomotion tripode). Les Cicindélidés et les Carabidés courent vite et sont capables de se déplacer à des vitesses impressionnantes. De plus, la plupart des Cicindélidés volent aisément et peuvent prendre leur envol en une fraction de seconde; il est donc très difficile de les attraper. Certaines espèces des régions désertiques, notamment les Ténébrionidés, ont adopté une façon de marcher très lente, presque hésitante : leurs longues pattes restent quasiment droites afin que leur corps n'entre jamais en contact avec le sable brûlant, y compris lorsque l'Insecte est au repos (ce qui permet d'éviter un trop grand échauffement de l'organisme et des pertes excessives d'eau).

Les pattes des Coléoptères aquatiques se sont modifiées en organes plus ou moins bien adaptés pour nager, ramer ou godiller, et rendent donc la marche à terre malaisée. On observe cette forme de pattes principalement chez les Dytiscidés, Haliplidés et Gyrinidés ainsi que chez certains Hydrophilidés. Cependant, ces Coléoptères aquatiques sont capables de très bien voler.

Pendant le vol, les ailes effectuent des mouvements très complexes, à la fois longitudinaux et transversaux. L'extrémité de l'aile décrit une sorte de huit plutôt qu'un mouvement de bas en haut. En vol, la plupart des Coléoptères entrouvrent plus ou moins leurs élytres. Bien sûr, il existe de nombreuses exceptions comme par exemple lorsque les élytres (généralement soudés) restent fermés, y compris pendant le vol. Les ailes membraneuses se déploient par une échancrure ouverte latéralement dans les élytres, comme par exemple chez des Hannetons de la sous-famille des Cetoniinés, ainsi que chez des Buprestidés de la sous-famille des Acméoderinés.

Les Coléoptères aptères (dont les ancêtres avaient des ailes) sont donc incapables de voler. Ils comprennent les Carabidés, Scarabéidés, Byrrhidés, Nosodendridés, Élatéridés, Thorictidés, Ténébrionidés, Meloïdés, Cérambycidés, Chrysomélidés, Curculionidés et de nombreuses autres familles. Chez les Cicindélidés et les Buprestidés, qui comptent parmi les Coléoptères les plus rapides en vol, on trouve également des espèces aptères ou qui ne volent pas. Les familles des Lampyridés, Drilidés et Cébrionidés regroupent des espèces dont seul le mâle vole, de même chez certains Longicornes de la sous-famille des Prioninés et Vespérinés. Les Coléoptères les plus petits, appartenant à la famille des Ptilidés, ont des ailes membraneuses pennées et bordées de longues soies permettant à l'Insecte, non pas de voler, mais de se laisser porter par les courants d'air atmosphérique.

ADAPTATIONS PARTICULIÈRES

Les Coléoptères habitent des milieux extrêmement variés. En effet, tout au long de leur évolution, ils ont subi des adaptations qui leur permettent de survivre dans des situations très diverses.

Les Coléoptères aquatiques ont subi de nombreuses adaptations morphologiques et physiologiques. Ces adaptations concernent tout d'abord les pattes qui servent à nager et ramer, la respiration sous l'eau, ainsi que les modifications physiologiques permettant à l'Insecte de vivre dans les eaux saumâtres et fortement salées. Les Coléoptères, adultes et larves, vivant dans les torrents de montagne, doivent être en mesure de résister à la puissance du courant les entraînant vers un habitat peu favorable, et se maintenir dans les zones plus hospitalières. De telles espèces (les Dryopidés) sont en général munies de fortes griffes en forme de crochet. Les larves de la famille des Pséphonidés, qui vivent dans les cascades et les torrents de l'Himalaya et d'Amérique du Nord, sont aplaties, de forme ovale et fonctionnent comme des pastilles adhésives ; les larves sont fixées à leur support et aucun courant, aussi fort soit-il, ne peut les en détacher.

À l'opposé du milieu aquatique, les Coléoptères fréquentent des zones de grande sécheresse, principalement les déserts, mais aussi par exemple les entrepôts de denrées alimentaires et de céréales. Les espèces qui ont adopté cet habitat sont présentées au chapitre concernant l'importance économique des Coléoptères. Les Insectes des régions désertiques doivent tout d'abord s'adapter aux conditions sèches, mais également à la chaleur et aux fortes variations de température entre le jour et la nuit. La solution la plus simple consiste à vivre la nuit, lorsque la température diminue et que l'humidité atmosphérique augmente. Des espèces de Ténébrionidés sont également capables, aux heures fraîches matinales, de provoquer sur leur corps la condensation de l'humidité atmosphérique en fines gouttes d'eau. Dans le même temps, ces Insectes adoptent une posture caractéristique, jambes arrière tendues et tête inclinée vers le bas afin que les gouttelettes d'eau condensées glissent vers l'avant sur la surface lisse du corps, jusqu'à la bouche. Les espèces qui affrontent les heures chaudes de la journée enterrées profondément dans le sable ont des pattes fouisseuses. D'autres espèces de Coléoptères des régions désertiques (là encore, surtout des Ténébrionidés) protègent leur corps des excès de chaleur et des pertes excessives d'eau grâce à leurs élytres, généralement de couleur blanche, recouverts de plusieurs couches de cire. La protection peut également être assurée par une bulle d'air située sous les élytres anormalement bombés.

Certains Coléoptères vivent plus ou moins en permanence dans le sol, ce qui, là aussi, s'est traduit par de nombreuses adaptations. Ces Insectes, généralement de petite taille, ont des formes variables : ils sont soit globuleux et disposant d'une paire de pattes avant fouisseuses s'ils vivent dans un sol peu compact, soit élancés et munis de pattes et d'antennes longues lorsqu'ils vivent dans des fentes du sol ou sous des pierres (certains Carabidés). La vie sous terre entraîne une diminution de la vue, une perte de pigmentation et la présence d'un nombre accru de poils sensoriels plus longs. Le caractère extrême de telles adaptations peut s'observer dans la famille des Bathyscidés, dont les membres vivent dans des grottes en Europe méridionale. Ces Coléoptères aptères, complètement aveugles, munis de longues pattes fines et de longues antennes tactiles, ont des élytres excessivement bombés. Outre les Bathyscidés, il existe également des espèces de petits Dysticidés et de Carabidés qui, elles aussi, sont adaptées pour vivre dans une obscurité totale.

Les Coléoptères qui s'installent dans les nids de Fourmis et de Termites constituent un groupe à part entière. Ce mode de vie a parfois été adopté par toute une famille (Paussidés, Clavigéridés, Thorictidés, Mériophysidés), ou seulement par certains genres (Staphylinidés, Histéridés, Psélaphidés, Colydiidés, Cucujidés, Scarabéidés, etc.). Nombre de ces espèces se font « materner » par les Fourmis ou les Termites et dépendent tellement des soins de leurs hôtes qu'elles ne pourraient plus vivre sans eux (espèces symphyles).

Les Coléoptères sécrètent sur différentes parties de leur corps (notamment les antennes adaptées à cet effet), des substances dont les Fourmis sont très friandes et qu'elles lèchent avec avidité. En échange, elles nourrissent les Coléoptères et les dorlotent littéralement. Cette relation prend parfois de telles proportions que les Fourmis, comme souffrant d'un phénomène d'accoutumance, cessent de s'occuper de leur propre progéniture pour consacrer la plus grande partie de leur attention aux Coléoptères myrmécophiles. Les larves de ces Coléoptères sont généralement prédatrices et se nourrissent des larves de Fourmis.

Certaines espèces de Coléoptères ressemblent à des monticules, des galets, des brindilles sèches, des feuilles, des morceaux d'écorce ou de bois, ou même à des têtes d'Oiseaux. D'autres adoptent l'apparence d'un autre Insecte, le plus souvent dangereux ou toxique. On en observe les exemples les plus étonnants chez les Longicornes, capables d'imiter à la perfection non seulement la couleur et la forme d'une Guêpe ou d'un Frelon, mais aussi les mouvements de ces derniers. On rencontre également ces phénomènes de mimétisme chez les Buprestidés, Chrysomélidés, Scarabéidés. De même, le petit nombre de Coléoptères toxiques, pour la plupart des Méloïdés et des Lycidés, sont imités par d'autres Insectes. La cantharidine, constituant actif du poison présent dans l'hémolymphe de la tête, est un alcaloïde. Ces espèces, parfois extrêmement toxiques, ont habituellement des couleurs vives. La plus connue est *Lytta vesicatoria,* membre de la famille des Méloïdés, dont le poison était utilisé comme médicament et en tant qu'aphrodisiaque par les médecins de l'Antiquité. Des substances du même type ont été récemment découvertes chez certains Buprestidés.

RÉPARTITION

Les Coléoptères peuplent la quasi-totalité de la surface de la Terre, excepté le sommet des plus hautes montagnes ou les pôles Nord et Sud, domaines des neiges éternelles. Bien sûr, on ne trouve pas les mêmes espèces ni les mêmes genres (ni les mêmes familles) en Europe, en Afrique, en Amérique du Nord et du Sud et en Australie car l'évolution géologique et climatologique est différente sur chacun de ces continents. Les zoogéographes divisent donc le monde en six régions : paléarctique, néarctique, éthiopienne (ou afrotropicale), orientale, indo-malaisienne, néotropicale et australasienne. L'évolution des régions paléarctique et néarctique, toutes deux situées dans la zone tempérée de l'hémisphère Nord, s'est déroulée dans les mêmes conditions. Ces deux régions ont donc de nombreux points communs et on les regroupe parfois en une seule : la région holarctique.

Les espèces les plus anciennes de Coléoptères, mais aussi de l'ensemble du règne animal et végétal, ont été découvertes dans la région d'Australasie, dans la sous-région de Madagascar appartenant à la région éthiopienne, et dans la partie sud de la région néotropicale. Cette répartition s'explique d'abord du fait que ces continents furent les premiers à se séparer du supercontinent originel. L'évolution s'y est donc déroulée séparément et indépendamment des autres régions, qui sont restées unies pendant une période plus longue.

Bien sûr, à des périodes importantes, l'Homme a influencé la répartition de nombreuses espèces animales, y compris des Coléoptères. Le développement des transports et de l'agriculture est également à l'origine de modifications très nettes des zones de répartition des Coléoptères. Prenons l'exemple du Doryphore (*Leptinotarsa decemlineata*), qui à l'origine peuplait uniquement l'Ouest des États-Unis et que l'on trouve désormais partout dans le monde, là où l'on cultive des Pommes de terre. Même chose pour un grand nombre d'espèces de petite taille (la plupart nuisibles pour les denrées alimentaires) appartenant aux familles des Cucujidés, Trogossitidés et Bostrychidés, et installées partout dans le monde du fait du stockage des denrées alimentaires dans des entrepôts ou magasins climatisés. Cependant, la progression de certaines espèces de Coléoptères bien au-delà de leurs frontières naturelles a parfois été favorisée volontairement par l'Homme. Ainsi, de nombreuses espèces de Scarabéidés coprophages vivant en Afrique ont été introduites en Australie, pays aux conditions climatiques similaires, afin de faire disparaître l'énorme quantité d'excréments rejetés par les Mammifères herbivores importés. Autre exemple, celui de *Sphenoptera jugoslavica,* dont les larves vivent dans les racines du Bleuet *Centaurea diffusa,* importé aux États-Unis d'Europe méridionale afin d'aider à la destruction de ce dernier.

IMPORTANCE ÉCONOMIQUE DES COLÉOPTÈRES

Du fait de l'existence d'espèces diverses vivant dans des milieux écologiques très variés, il n'est pas surprenant que certains Coléoptères constituent un danger pour les intérêts économiques et sanitaires de l'Homme. Considérons tout d'abord l'aspect sanitaire. On ne connaît pas de Coléoptères parasites directs de l'Homme ; cependant, on a découvert qu'environ 500 espèces (en majorité coprophages et nécrophages) servent d'hôtes intermédiaires au Ténia, aux Nématodes et à d'autres parasites importants du point de vue vétérinaire.

Hormis les dommages réduits causés par les larves et les adultes des Dytiscidés qui élisent domicile sur le bord des étangs de pisciculture, les Coléoptères les plus nuisibles appartiennent aux groupes des végétariens et des xylophages. En agriculture, les Insectes les plus connus sont sans aucun doute le Doryphore et le Méligèthe bronzé (*Meligethes aeneus*), mais le nombre de nuisibles sérieux des cultures est plus important : on compte de nombreux Chrysomélidés, Bruchidés, Curculionidés, les larves de nombreuses espèces d'Élatéridés, ainsi que les larves et adultes de plusieurs espèces de Scarabéidés.

Les parasites des bois et des forêts sont encore plus nombreux. Certains se nourrissent de feuilles et d'aiguilles (Hannetons, Chrysomélidés, Charançons), de racines (Taupins, Charançons), de fruits et de pommes de Pin (Byturidés, Charançons). Mais surtout, ce sont les espèces xylophages qui déprécient le bois à traiter (parasite technique) ou qui causent des dégâts sur les arbres encore sur pied (parasites primaires). En tête de liste des parasites primaires, on trouve les Coléoptères corticoles (Scolytidés). Le plus connu est *Ips typographus,* qui a déjà causé d'importants dégâts dans diverses forêts d'Europe auxquelles il a fallu beaucoup de temps pour retrouver un état sanitaire correct. Le groupe des parasites primaires comprend également de nombreuses espèces de Longicornes et de Buprestidés. Les parasites techniques qui s'attaquent au bois comptent de nombreux Longicornes et Buprestidés, ainsi que certains membres de la famille des Lymexylonidés et des Bostrychidés.

Les Coléoptères nuisibles vivant dans les habitations et les entrepôts regroupent de nombreuses familles, et dans certains cas des espèces cosmopolites. Les plus connus sont certains Ténébrionidés comme *Tenebrio molitor* et *Tribolium destructor* qui, avec plusieurs espèces d'Anobidés (*Stegobium paniceum*) et de Cucujidés (*Oryzaephilus surinamensis*, genre *Laemophloeus*) constituent les fléaux les plus redoutables des denrées alimentaires entreposées. Les parasites des céréales stockées en magasin comptent également le Charançon *Calandra granaria* ainsi qu'un membre de la famille des Trogossitidés (*Tenebrioides mauritanicus*).

Les habitations sont aussi envahies par d'autres espèces de Coléoptères, ce qui pose également des problèmes. On y trouve les Anthrènes des tapis (Dermestidés), dont certains causent des dégâts dans le cuir et les textiles (genre *Dermestes* et *Attagenus*), dans les denrées alimentaires (*Trogoderma granarium*), et les collections d'Insectes, les animaux empaillés, etc. (*Anthrenus museorum*). On trouve aussi de telles espèces nuisibles chez les Anomidés, dont *Stegobium paniceum*, mais surtout *Anobium pertinax*, qui infeste le bois traité à grande échelle. Relativement rare dans les habitations, l'espèce *Lasioderma serricorne* s'est spécialisée dans la consommation des produits du tabac.

Cependant, les Coléoptères ne sont pas tous nuisibles. Ainsi, sauf quelques exceptions (genre *Zabrus*), les Carabidés sont très utiles car, Insectes prédateurs, ils chassent de nombreux autres Insectes nuisibles. Même chose pour les Cicindélidés, les Staphylinidés et les larves des Histéridés. Les Coléoptères saprophages (Silphidés, Catopidés) jouent un rôle écologique important car ils se nourrissent de cadavres, de même que les Coléoptères coprophages (Scarabidés) qui mangent des excréments.

Très efficaces également, la grande majorité des Coccinelles mangent des Aphidiens (elles sont aphidophages). De nombreuses espèces de cette famille ont été utilisées avec succès dans la lutte biologique contre les Pucerons et les Cochenilles. Enfin, pratiquement tous les Coléoptères qui visitent les fleurs jouent un rôle dans la pollinisation des plantes.

Certains Coléoptères peuvent s'avérer tout à fait bénéfiques dans des cas assez inhabituels : les larves de grands Longicornes tropicaux, de Dynastidés et de Cétonidés servent de nourriture à certains peuples d'Amérique, d'Afrique et d'Asie tropicales, et constituent parfois leur unique source de protéines animales pendant de longues périodes. Enfin, les larves du terrible parasite des denrées alimentaires, *Tenebrio molitor* (Ver de farine), sont élevées artificiellement pour servir de nourriture aux Oiseaux et aux animaux des terrariums, et sont utilisées comme matériel d'expérimentation physiologique.

ÉTUDE, ÉLEVAGE ET REPRODUCTION, OBSERVATION ET PROTECTION DES COLÉOPTÈRES

Au cours des dernières années, on a pu observer un net regain d'intérêt pour l'étude des Coléoptères, aussi bien chez les spécialistes que chez les amateurs. De ce fait, l'entomologie a été subdivisée en un certain nombre de domaines toujours plus spécialisés tels la taxinomie, la physiologie, l'écologie et la morphologie évolutionniste, les maladies des Coléoptères, l'entomologie appliquée et bien d'autres. Toutes ces disciplines étudient les Coléoptères, mais la taxinomie se situe naturellement au point de départ de toute étude car elle permet d'identifier chaque espèce avec précision. C'est également la seule discipline que les amateurs peuvent pratiquer de façon utile et efficace.

La reproduction des Coléoptères et l'élevage des différents stades larvaires vont de pair avec les méthodes modernes d'étude de ces Insectes et, en général, ne nécessitent pas un équipement très coûteux. Par exemple, si vous souhaitez observer des Coléoptères aquatiques, il vous suffit d'un simple aquarium. Les larves de ces espèces sont toutes prédatrices. Leur alimentation ne pose donc pas de problème particulier et se compose de petits Insectes aquatiques, de Vers de terre, ou simplement de petits morceaux de viande. De même, l'élevage et l'observation des Coléoptères terrestres sont assez faciles à réaliser. Il suffit d'un récipient assez profond rempli de plusieurs couches de substrats (terre, sable, tourbe) d'une épaisseur correcte, et d'un morceau d'écorce ou d'une pierre pouvant servir de cachette. Ces espèces se nourrissent généralement de larves d'autres Insectes, notamment de Vers de farine ou de petites Limaces. Il faut veiller avec soin à ce que le substrat conserve toujours un taux d'humidité correct — ni trop sec, ni trop humide. Les Coléoptères coprophages et nécrophages sont élevés de cette façon, le substrat devant être suffisamment profond afin qu'ils puissent y creuser leur nid souvent très élaboré ; prévoyez de la nourriture naturelle.

L'élevage des Coléoptères végétariens et xylophages est beaucoup plus délicat. En effet, les larves des Coléoptères végétariens exigent d'être alimentées en permanence avec de la nourriture fraîche. Pour certains xylophages, l'adulte mange souvent des plantes totalement différentes de celles que consomment les larves. Or, sans cette nourriture, il arrive fréquemment que les Insectes ne se reproduisent pas. On parvient à élever certains Coléoptères xylophages, tels les Buprestidés et les Longicornes, en plaçant dans le récipient une femelle fécondée dans la nature ainsi que du bois dont se nourrit la larve et sur lequel la femelle déposera ses œufs. Une méthode encore plus fiable consiste à transférer dans la boîte un morceau entier de bois colonisé par les espèces que l'on souhaite élever. Là encore, il faut veiller à conserver un taux d'humidité correct. De plus, certaines espèces se développent sur du bois mort, d'autres sur du bois partiellement mort ou même vert. Dans ce dernier cas, l'obtention d'individus adultes à partir des larves pose de gros problèmes, et le succès d'une telle opération dépend largement de l'expérience de l'éleveur.

À l'inverse, l'élevage et l'observation d'espèces dont les larves se développent dans le bois friable des vieux arbres en décomposition (Cétonidés et Lucanidés) réussissent facilement. Il suffit de prévoir une boîte assez profonde contenant du bois pourri et friable que l'on conservera à la même humidité que celle à laquelle les larves sont habituées dans la nature. Leur alimentation comprendra des morceaux de fruits sucrés.

On ne pratique pas l'élevage des Coléoptères dans le seul but de les étudier. Nombreux sont ceux qui les élèvent pour leur beauté et l'intérêt qu'ils portent à leur comportement, comme les aquariophiles pour les Poissons. Malheureusement, la durée de vie des Insectes adultes est relativement courte. Bien sûr, certains peuvent vivre plusieurs années et procurent la plus grande satisfaction dans un élevage en insectarium. Il s'agit principalement des grands Ténébrionidés du genre *Blaps*, *Pimelia*, *Akis*, etc. Ces espèces sont peu exigeantes. Certaines mesurent plusieurs centimètres de long et se contentent de sable ou d'un substrat pierreux dans un insectarium, à un taux d'humidité variable et mangent toute sorte de matières organiques. Les grands Carabidés du genre *Carabus*, dont l'adulte peut vivre jusqu'à trois ans, sont élevés ainsi.

Ceux qui élèvent des Coléoptères et observent leur mode de vie résistent rarement à l'envie de les photographier. La haute technologie du matériel et des pellicules permet, même à l'amateur, de prendre des photos d'Insectes intéressantes et de bonne qualité. Il faut toujours photographier les Coléoptères dans leur habitat naturel, à moins que l'on ne souhaite obtenir des clichés montrant certains détails ou organes particuliers. En d'autres termes, il faut les photographier dans leur milieu naturel sauvage ou bien dans un insectarium reproduisant au mieux l'habitat naturel. Du fait de la petite taille de ces Insectes, on est souvent obligé d'utiliser un matériel permettant d'accroître la distance focale. De plus, même si l'on prend des photos en extérieur, la lumière souvent insuffisante nécessite l'utilisation d'un flash électronique circulaire, ou bien de deux flashes en opposition, garantissant les meilleurs effets. Enfin, pour photographier des espèces très rapides, nous vous conseillons de les anesthésier par le froid en les plaçant quelques instants dans le réfrigérateur, ou en utilisant des substances fortement volatiles.

La protection des Coléoptères est étroitement liée à la défense de l'environnement, et bien sûr, la conservation des espèces rares ou en voie de disparition demeure une priorité. Aussi, évitez de tuer plusieurs dizaines de spécimens d'une même espèce en vue de monter une collection. Soyez prudent également dans le choix des pièges, avec ou sans appât. De même, tout collectionneur est responsable lorsqu'il commet un acte inconsidéré risquant de perturber le biotope naturel, que ce soit par des moyens chimiques ou mécaniques. De très nombreux Coléoptères se développent dans les vieux arbres ; or, ce sont ces mêmes arbres creux qu'on retire des forêts alors que l'on devrait plutôt les protéger. De même, les vieux arbres bordant les avenues sont souvent abattus sans véritable raison. C'est ainsi que certaines espèces de Taupins (Élatéridés), de Cétonidés et de Longicornes ont disparu. La fertilisation des terres pratiquée de façon inconsidérée a déjà provoqué la disparition, dans de vastes secteurs, de plusieurs espèces de Carabidés, Staphylinidés, Dytiscidés, Charançons et Chrysomélidés.

Cependant, ce sont les substances chimiques utilisées en sylviculture et en agriculture, ou celles rejetées dans l'atmosphère ou l'eau par les usines, qui constituent le plus grand danger non seulement pour les Coléoptères mais pour l'environnement tout entier. Lorsque l'on utilise un produit chimique pour lutter contre un Insecte nuisible, on détruit en même temps toutes les autres espèces d'Insectes, y compris les prédateurs naturels du ravageur. Le déversement sans scrupule des eaux usées industrielles et l'utilisation excessive des détergents peuvent tuer toute vie, y compris dans les grandes rivières et les grands lacs. Les énormes quantités de fumées rejetées en permanence dans l'atmosphère par les usines, peuvent, sous forme de retombées et de pluies acides, détruire l'ensemble des forêts. C'est là que réside la plus grande menace pour l'environnement humain, et donc pour celui des Coléoptères. Ces derniers, comme de nombreux autres groupes d'Insectes, sont en effet confinés dans un biotope tellement limité, spécifique et souvent isolé, qu'une population entière peut être détruite par un seul geste irréfléchi.

CLASSIFICATION DES COLÉOPTÈRES

L'ordre des Coléoptères est divisé en quatre sous-ordres : les Adéphages, les Archostémates, les Myxophages et les Polyphages. À l'heure actuelle, on a répertorié près de 175 familles. Cependant, les connaissances s'avérant parfois insuffisantes, certaines d'entre elles sont classées différemment selon les spécialistes. Pour une meilleure compréhension, voici la classification proposée par Imms (1957) et reprise par Crowson (1981).

Le sous-ordre des Adéphages comprend les Coléoptères carnivores munis de pattes généralement adaptées à la course rapide. Vous les trouverez dans ce livre de la page 28 à la page 53. En font partie les familles suivantes : *Rhysodiae, Paussidae, Cicindelidae, Carabidae, Trachipachydae, Haliplidae, Amphizoidae, Hygrobiidae, Noteridae, Dytiscidae* et *Gyrinidae.*

Le sous-ordre des Archostémates comprend un groupe de Coléoptères dont la nervation alaire est primitive et dont les élytres ont une structure complexe. Une seule espèce est présentée dans ce livre, page 53. La grande majorité des espèces de ce sous-ordre vit uniquement dans les régions tropicales, et est représentée par les familles suivantes : *Ommatidae, Tetraphaleridae, Cupedidae* et *Micromalthidae.*

Au sous-ordre des Myxophages appartiennent des espèces minuscules, discrètes, d'une importance économique faible, à la nervation alaire réduite et au mode de vie caché. Les Myxophages comptent 4 familles, dont nous ne présentons pas d'illustration dans ce livre, et qui sont : les *Lepiceridae, Torridincolidae, Hydroscaphidae* et *Sphaeriidae.*

Dans le sous-ordre des Polyphages, on retrouve la grande majorité des Coléoptères. Ceux-ci varient énormément quant à la forme de leur corps et sont répartis en un grand nombre de familles (planches de la page 54 jusqu'à la fin) : *Hydraenidae, Spercheidae, Hydrochidae, Georyssidae, Hydrophilidae, Sphaeritidae, Synteliidae, Histeridae, Ptiliidae, Empelidae, Liodidae, Catopidae, Leptinidae, Scydmaenidae, Silphidae, Micropeplidae, Dasyceridae, Staphylinidae, Pselaphidae, Clambidae, Eucinetidae, Helodidae, Dascillidae, Karumiidae, Rhipiceridae, Lucanidae, Trogidae, Acanthoceridae, Passalidae, Pleocomidae, Geotrupidae, Ochodaeidae, Hybosoridae, Glaphyridae, Scarabaeidae, Byrrhidae, Eulichadidae, Ptilodactylidae, Chelonariidae, Psephenidae, Elmidae, Lutrochidae, Dryopidae, Limnichidae, Heteroceridae, Buprestidae, Artematopidae, Callirhipidae, Brachypsectridae, Cebrionidae, Elateridae, Throscidae, Eucnemidae, Cneoglossidae, Plastoceridae, Homalisidae, Lycidae, Drilidae, Phengodidae, Telegeusidae, Lampyridae, Omethidae, Cantharidae, Derodontidae, Nosodendridae, Dermestidae, Thorictidae, Jakobsoniidae, Bostrychidae, Anobiidae, Phloiophilidae, Peltidae, Lophocateridae, Trogossitidae, Chaetosomatidae, Acanthocnemidae, Cleridae, Phycosecidae, Melyridae, Lymexilidae, Stylopidae, Nitidulidae, Rhizophagidae, Boganiidae, Phalacridae, Protocucujidae, Sphindidae, Hobartiidae, Cucujidae, Passandridae, Phloeostichidae, Silvanidae, Caviognathidae, Cryptophagidae, Helotidae, Byturidae, Biphyllidae, Lamingtoniidae, Languriidae, Erotylidae, Cryptophilidae, Cerylonidae, Corylophidae, Sphaerosomatidae, Endomychidae, Coccinellidae, Discolomidae, Merophysiidae, Lathridiidae, Merycidae, Colydiidae, Prostomidae, Mycetophagidae, Cisidae, Petrogeniidae, Tetratomidae, Melandryidae, Mordellidae, Rhipiphoridae, Synchroidae, Cephaloidae, Oedemeridae, Pythidae, Pyrochroidae, Anthicidae, Aderidae, Meloidae, Scraptiidae, Cononotidae, Othniidae, Salpingidae, Inopeplidae, Mycteridae, Monotomidae, Zopheridae, Lagriidae, Tenebrionidae, Disteniidae, Cerambycidae, Megalopodidae, Bruchidae, Chrysomelidae, Nemonychidae, Anthribidae, Belidae, Oxycorinidae, Aglycyderidae, Attelabidae, Apionidae, Brenthidae, Curculionidae, Scolytidae, Platypodidae.*

DESCRIPTIONS ILLUSTRÉES

Cicindèle des bois

Cicindela silvatica LINNÉ,1758

Cicindélidés

Cicindelidae

Cicindela silvatica peuple l'ensemble de l'Europe. Avec ses 14 à 20 mm de long, c'est la plus grande espèce européenne de Cicindélidés. On la distingue facilement des autres membres de la famille à sa tête entièrement sombre. À l'instar des autres Cicindélidés, elle est prédatrice et se nourrit principalement d'autres Insectes ainsi que de Vers de terre, voire même de petites Limaces. *Cicindela silvatica* se déplace très rapidement, ce qui lui permet de capturer les proies les plus vives. De plus, très prompte à s'envoler et pouvant atteindre des vitesses élevées, elle n'est bien souvent repérable qu'aux éclats métalliques réfléchis par la face dorsale de son abdomen. Comme tous les Cicindélidés, ses grands yeux lui assurent une excellente vision, trait caractéristique de la plupart des prédateurs. *C. silvatica* a pour habitat exclusif les sols sablonneux et les grandes forêts de Pins où elle fréquente les clairières, les endroits découverts et les chemins forestiers. Les œufs sont pondus isolément au début du printemps. Après éclosion, les larves creusent dans le sol des puits verticaux dont elles bouchent l'entrée de leur tête et de leur prothorax fortement sclérifiés (recouverts de chitine). Elles sont accrochées à l'intérieur de leur puits par le dernier segment abdominal et par les appendices du cinquième segment (1). Dans cette position, la larve guette ses proies à l'affût et les capture en propulsant la partie avant de son corps hors du puits en un éclair. La larve hiberne deux hivers et l'imago apparaît au début du printemps.

2

Chez la majorité des Cicindélidés, les larves vivent dans des puits verticaux creusés dans le sol (1). Cependant, les larves de certaines espèces originaires de Madagascar s'installent dans de vieux troncs d'arbres où elles se dissimulent à l'intérieur de galeries et de trous de sortie aménagés par les Longicornes. Comme les larves endogées, elles utilisent leur tête et leur prothorax pour fermer l'entrée du puits.

1

La plupart des Cicindélidés ont des couleurs vives, ponctuées de reflets métalliques et de taches plus pâles diversement colorées. Certaines espèces asiatiques du bord de mer ont les élytres blanc-ivoire et la tête et le pronotum d'un beau vert métallique. Parmi les Cicindélidés, *Cicindela chinensis* (2), originaire de Chine, est parée des plus jolies couleurs.

Cicindèle champêtre — Cicindélidés

Cicindela campestris Linné, 1758 — *Cicindelidae*

Elle mesure 12 à 15 mm de long. On la trouve partout en Europe, en Sibérie et au nord de l'Afrique. Les sous-espèces ont des couleurs variées: rouge-vert, bleu à bleu-violet. Avec sa face abdominale dorsale d'un beau bleu métallique soyeux, cet Insecte ressemble à une pierre précieuse lorsqu'il est en vol. La Cicindèle champêtre se rencontre du début du printemps jusqu'en octobre. Son apparition est d'autant plus remarquée lors des premières chaudes journées printanières que c'est un des premiers Coléoptères à sortir à cette époque de l'année. Cette Cicindèle vit dans les sols sablonneux et argileux sur les talus et dans les prés, ainsi que dans les chemins champêtres, les allées de ferme, les terrains non cultivés, les sablonnières et même dans les villes. Les adultes comptent parmi les Coléoptères les plus rapides en vol, même s'ils ne se déplacent ainsi que sur de très courtes distances, parcourant quelques mètres pour se poser dans un endroit ensoleillé. Comme tous les Cicindélidés, leur course est également une des plus rapides, non seulement parce qu'ils ont de longues pattes fines, mais aussi parce qu'ils habitent des terrains découverts où il leur faut trouver refuge rapidement dans des cachettes rares ou éloignées. À l'instar des autres larves de Cicindélidés, celle de *Cicindela campestris* est prédatrice. Elle guette ses proies cachée dans un puits vertical pouvant atteindre 30 cm de profondeur, et dans lequel elle séjourne pendant les deux années de son existence, y compris l'hiver. C'est également à l'intérieur du puits que se déroulera la nymphose. L'imago apparaît du début du printemps à la fin de l'été et s'enterre en profondeur dans le sol pour passer l'hiver.

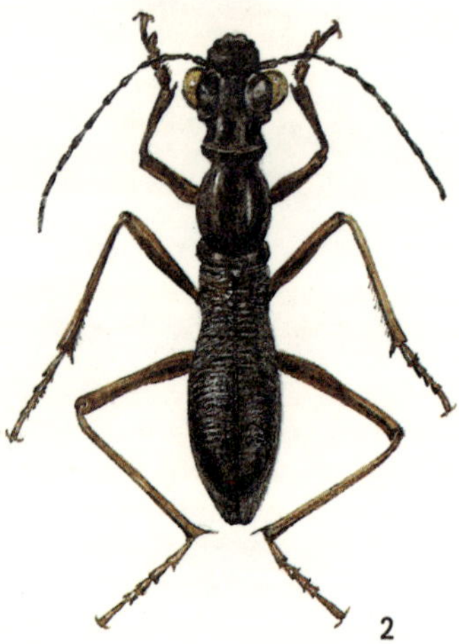

2

Les plus grands Cicindélidés appartiennent au genre *Mantichora,* qui peuple les savanes d'Afrique centrale et du sud. Ce sont des Insectes robustes, de grande taille (jusqu'à 5 cm de long), à la course extrêmement rapide. Leurs mandibules modifiées en longs appendices falciformes, sont adaptées pour capturer les proies. En effet, ces espèces ne se nourrissent pas uniquement d'Insectes et de larves d'Insectes, mais aussi de petits Rongeurs, Lézards et Batraciens.

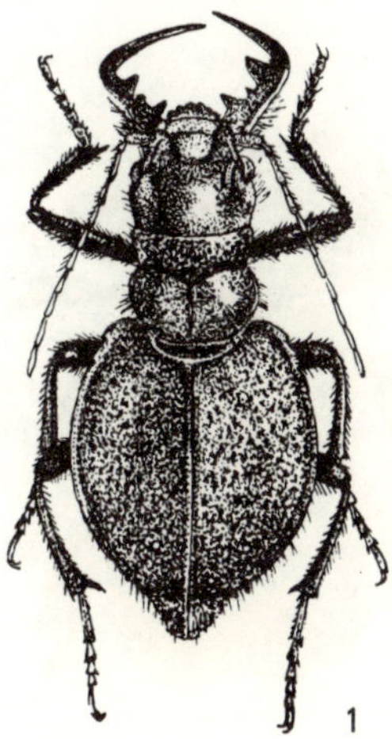

1

M. mygaloides est une des plus grandes espèces (1). Originaires de la zone tropicale du sud de l'Asie, les Cicindélidés du genre *Tricondyla* présentent une adaptation écologique intéressante. En effet, ces Insectes vivent sur les feuilles des arbres exposés au soleil dont ils font leur terrain de chasse. Ils consomment d'autres Insectes, des Mouches le plus souvent. Ayant perdu la capacité de voler, ils se déplacent en courant à vive allure et en sautant d'une feuille à l'autre, comme par exemple l'espèce *Tricondyla aptera* (2).

Paussus turcicus Friwaldski, 1895

Très peu répandu et pourtant passionnant, cet Insecte peuple la zone méditerranéenne et vit en compagnie de différentes espèces de Fourmis endogées. Il mesure 6 à 7 mm de long et semble démesurément grand comparé à ses hôtes minuscules. *Paussus turcicus* constitue un exemple typique d'Insecte myrmécophyle materné par les Fourmis et absolument incapable de se développer sans elles: il est dit symphile. Les Coléoptères soignés par les Fourmis sont nourris des sécrétions issues de glandes spéciales de leurs hôtes, qui en viennent souvent à négliger leur propre progéniture. En échange, les Coléoptères exsudent sur certaines parties de leur corps, principalement les antennes en forme de coupelle, des sécrétions dont les Fourmis sont très friandes et qu'elles lèchent avec avidité. Lorsque plusieurs Coléoptères investissent le même nid, les Fourmis finissent par se consacrer uniquement à cette activité, comme si elles souffraient d'une sorte de phénomène d'accoutumance aux sécrétions des Coléoptères. Pour finir, la reine ne reçoit plus de soins et la colonie périclite, disparaît ou devient la proie d'autres espèces, telles les Fourmis esclavagistes. Les Coléoptères adultes apparaissent parmi les Fourmis au début du printemps. On ignore quasiment tout de leur développement. Cependant, selon toute probabilité, les larves sont prédatrices et mangent les larves des Fourmis, ce qui contribue en partie à l'affaiblissement de leur colonie. Enfin, bien que l'imago passe toute sa vie à l'intérieur de la fourmilière, il est capable de voler et on peut donc utiliser un piège lumineux judicieusement placé pour l'attraper. Cependant, on le trouve le plus souvent sous les pierres qui recouvrent les entrées de la fourmilière souterraine.

La famille des Paussidés peuple les régions tropicales et subtropicales sur toute la planète. Seuls quelques membres ont des mœurs myrmécophiles car la majorité des espèces tropicales vit en compagnie des termites. On connaît très peu de chose du mode de vie de ces espèces termitophiles. Elles ont habituellement le corps plat et sont de couleur brune ou jaune-brun, comme l'espèce originaire d'Inde, *Platyrhopalopsis mellyi* (1). La famille des Paussidés se caractérise par des antennes

1

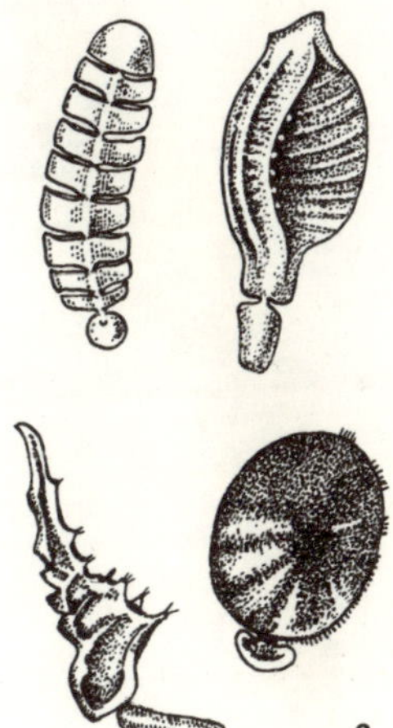

2

extrêmement modifiées. La Fig. 2. présente uniquement les antennes au nombre réduit d'articles, habituellement observées chez cette famille. Pratiquement toutes les espèces ont des antennes étrangement dilatées, coudées ou tordues, qui portent les fameuses glandes exsudant les substances dont Fourmis et Termites se montrent si friands.

Carabe doré ou **Jardinière** — Carabidés
Carabus auratus LINNÉ, 1761 — *Carabidae*

Carabus auratus est un des plus jolis et des plus remarquables Coléoptères du genre *Carabus*. Il mesure 20 à 28 mm de long. Les élytres s'ornent de cannelures longitudinales de la même teinte que les élytres, alors que ces stries sont noires chez *C. auronitens* ou *C. nitens*. *Carabus auratus* peuple principalement l'ouest de l'Europe où, dans certains endroits, il constitue l'espèce la plus commune des Coléoptères. Plus à l'est, on ne le trouve qu'en Europe centrale. De mœurs diurnes (à la différence de la majorité des Carabidés du genre *Carabus*), il préfère les sols sablonneux. Il vit également dans les prés, les champs et les jardins où il chasse des Insectes et leurs larves, d'autres Arthropodes, des Limaces et des Vers de terre. À l'instar d'autres Carabidés, il est très utile car c'est un grand destructeur d'Insectes nuisibles. Au printemps, la femelle pond ses œufs directement dans le sol et l'éclosion a lieu 10 à 20 jours plus tard. Le cycle de développement comporte trois stades larvaires; la nymphose se produit à la fin de l'été et l'imago apparaît deux à trois semaines plus tard puis hiberne. Il peut vivre deux à trois ans. Les adultes sont très actifs mais n'utilisent qu'un seul mode de locomotion, la course, car leurs ailes atrophiées ne leur permettent pas de voler. Cette réduction des ailes est caractéristique de la plupart des *Carabus*. De même que d'autres Carabidés, *C. auratus* est une espèce menacée.

1

Les larves des Carabidés du genre *Carabus* se ressemblent toutes. Elles sont très actives, vivent à la surface du sol et sous les pierres. Leur corps extrêmement sclérifié (recouvert de chitine) est toujours de couleur sombre (Fig. 1, larve de *C. cancellatus*). Comme les adultes, les larves sont utiles car elles se nourrissent d'Arthropodes nuisibles. Le critère le plus important d'identification des larves est le dernier segment abdominal pourvu d'appendices fortement sclérifiés, les urogomphes. La forme et la longueur de ces derniers varient énormément selon les espèces (2a — 2d).

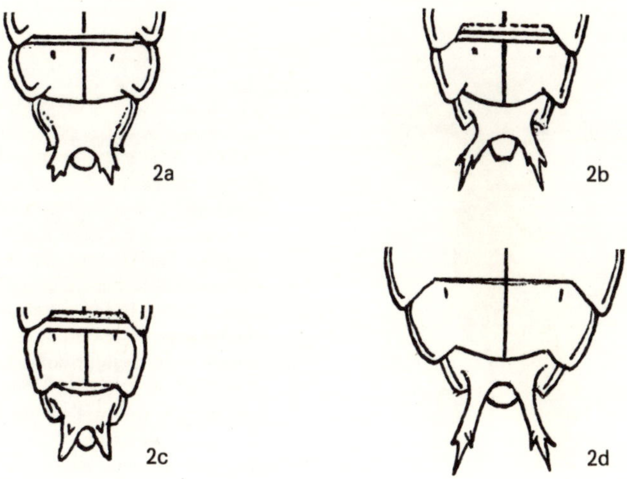
2a
2b
2c
2d

Pterostichus pilosus (Host, 1789)

Cette espèce typiquement sylvicole peuple les vastes forêts des Carpates, et on la trouve à partir d'altitudes moyennes jusqu'aux limites supérieures des forêts, voire même souvent jusque dans les zones de montagne. À l'ouest, elle ne dépasse pas l'Europe centrale, et est remplacée en Europe occidentale par des espèces assez proches vivant généralement dans le même biotope. *P. pilosus* est une des plus jolies et plus remarquables espèces du genre *Pterostichus*. Celui-ci est largement représenté, notamment dans les forêts montagneuses protégées, où il est très abondant dans l'ensemble de son habitat. D'assez grande taille (15 à 18 mm de long), ce Coléoptère prédateur se nourrit principalement d'Insectes et de leurs larves. La larve, elle aussi prédatrice, vit dans les fissures du sol et sous les pierres. Les œufs sont pondus au printemps. La nymphose a lieu en été après que la larve a traversé trois stades larvaires. L'adulte apparaît à la fin de l'été et hiverne. On le rencontre aux printemps et été suivants par temps ensoleillé, dans les allées forestières, les prés et les clairières. Le mâle ne se distingue de la femelle que par ses tarses antérieurs plus grands, caractère commun à tous les Carabidés. Chez cette espèce, le nombre de fossettes sur les élytres est relativement constant. Seule, leur répartition varie. Enfin, alors que ces Insectes sont en majorité de couleur brune, on rencontre parfois des spécimens entièrement vert métallique ou teintés de bleu.

1

La larve de *P. pilosus* est très rapide, svelte et a le corps peu sclérifié (elle vit dans le sol), à l'exception des tergites. À son extrémité, l'abdomen porte des appendices assez longs, non sclérifiés (dépourvus de chitine) et munis de longues soies ou cerques. Chez certaines espèces, tel le petit Carabidé *Loricera pilicornis* (1), la larve a des cerques durs et articulés, et le corps entièrement sclérifié, de couleur sombre. Ceci constitue un critère d'identification des larves de Carabidés vivant à la surface du sol. L'adulte de cette espèce (2) vit au bord de l'eau, parmi les roseaux et dans les endroits humides. C'est un des

2

plus abondants Carabidés de petite taille dans ce type de biotope. Les longues antennes recouvertes de petites soies constituent une caractéristique étonnante de cette espèce.

Chlaenius vestitus (Paykull, 1790)

Chlaenius vestitus est un autre Carabidé largement répandu en Europe centrale. De petite taille (9 à 11 mm de long), il peuple uniquement les endroits très humides, le bord des rivières et des mares. Il diffère des autres espèces de couleur verte du genre *Chlaenius* par la bordure latérale jaune des élytres qui s'élargit nettement à l'apex. Les élytres sont recouverts d'une pilosité extrêmement fine leur donnant un aspect duveteux et jouant le rôle d'un film protecteur imperméable, très utile pour cet Insecte qui fréquente très souvent le bord de l'eau. D'ailleurs, cette pubescence est caractéristique de la plupart des espèces du genre *Chlaenius*. Les œufs sont déposés dans des endroits très humides, à proximité de l'eau, le plus souvent dans la couche superficielle du sol, sous des pierres, des morceaux de bois, etc. La larve de *C. vestitus* est mince, rapide et relativement sclérifiée (pourvue de chitine) car elle vit à la surface du sol; elle porte de longs appendices (cerques) à l'extrémité du dernier segment abdominal. Le cycle de développement se déroule en une année. La larve et l'imago se nourrissent de petits Arthropodes vivant à proximité de l'eau (Mites, Collemboles, petits Mollusques, petits Insectes et leurs larves). Comme de nombreuses autres petites espèces de Carabidés habitant le bord de l'eau, *C. vestitus* est souvent attiré par la lumière pendant les chaudes soirées estivales.

1

Omophron limbatum (1) est un autre petit Carabidé vivant au bord de l'eau. À première vue, il ne ressemble pas du tout à un Carabidé. Il peuple uniquement les berges sableuses des grandes rivières, des lacs et des sablonnières inondées, où on le trouve tout près de l'eau, plongeant même pour trouver de la nourriture, avantagé par son corps sphérique qui lui permet de se déplacer rapidement sous l'eau. Bien qu'habitant partout en Europe et au nord de l'Afrique, on ne le rencontre pas en très grand nombre et il ne fréquente jamais les zones de montagne.

Odacantha melanura (2) vit en Europe, au bord des grandes rivières et des mares dans les régions de faible altitude. Il aime hiverner au sec, sur les tiges de roseaux par exemple, où on a le plus de chance de le rencontrer. Bien que de petite taille (5 à 7,5 mm), c'est un des plus jolis Carabidés d'Europe.

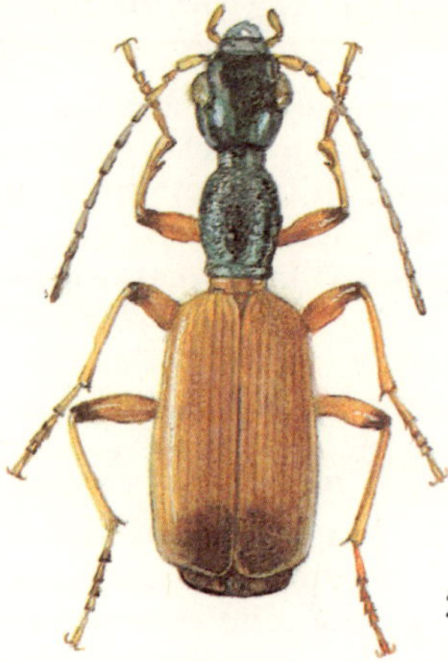

2

Bombardier Carabidés

Brachinus explodens DUFTSCHMIDT, 1812 *Carabidae*

Le Bombardier mesure 7 à 8 mm de long et fréquente l'ensemble de l'Europe centrale et méridionale ainsi que la Grande-Bretagne. À l'instar des autres membres du genre *Brachinus*, il est de couleur rouille avec des élytres bleus. Les Bombardiers disposent d'un mode de défense particulièrement original: à l'extrémité de l'abdomen, une paire de glandes anales excrète un liquide qui s'oxyde au contact de l'air en produisant un bruit d'explosion et en libérant un nuage de fumée. Il a fallu beaucoup de temps avant de pouvoir déterminer la nature du liquide ainsi expulsé: vers les années 60, on a enfin découvert qu'il contenait de l'hydroquinone, de la téluhydroquinone, du peroxyde d'hydrogène et des oxydes d'azote. Le peroxyde est présent dans la glande à une concentration jamais égalée dans le monde animal (28 %). Une telle concentration de peroxyde agit comme un poison violent sur tous les autres organismes. Pourtant, on n'a toujours pas élucidé comment le Bombardier pouvait produire et stocker une telle substance toxique dans son organisme sans que les tissus en contact avec la dite substance ne soient détruits. Outre l'effet sonore censé impressionner l'ennemi, le liquide éjecté est une substance relativement caustique. Le développement du Bombardier est également fort intéressant. *B. explodens* fréquente les talus secs et ensoleillés, les terres non cultivées et les steppes caillouteuses. La femelle pond les œufs au printemps. Les larves fraîchement écloses sont petites et vives. Elles achèvent leur développement à l'intérieur d'un hôte que les scientifiques ne sont pas encore parvenus à identifier, malgré l'abondance de l'espèce.

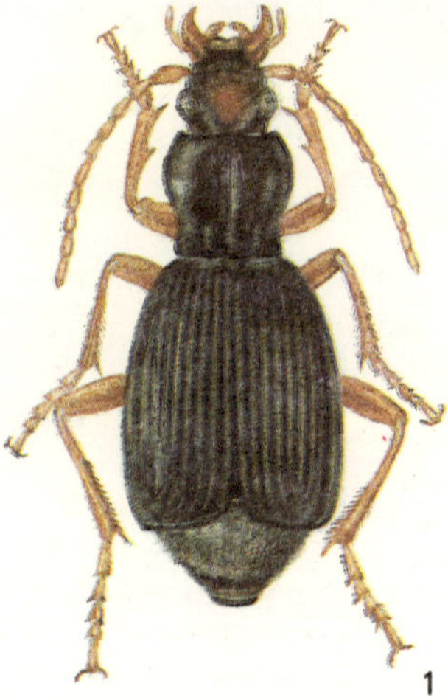

1

On connaît le développement complet d'une espèce d'Amérique du Nord, appartenant au genre *Brachinus*, dont la larve parasite les cocons d'Hydrophilidés, ainsi que le cas du genre apparenté *Pteropsophus* peuplant le nord de l'Afrique, dont la larve infeste les œufs du Taupe-grillon commun. Par contre, on ne sait toujours pas comment se développe le plus grand Bombardier d'Europe — *Aptinus bombarda* (1). Il peuple généralement les hêtraies d'Europe méridionale et lorsqu'il se sent menacé, les détonations qu'il produit sont si fortes que l'on pourrait les confondre avec celles d'un pistolet à amorces pour enfant.

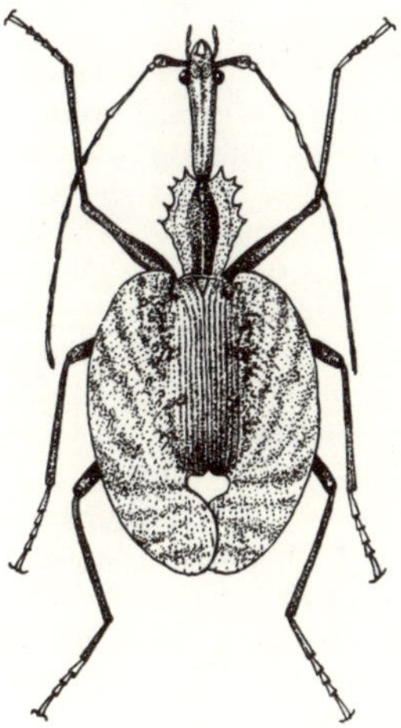

2

D'autres Carabidés sont passés maîtres dans l'art de sécréter des substances toxiques, comme par exemple les individus du genre *Mormolyce,* vivant en Asie du sud-est. Le produit de sécrétion de ces espèces de grande taille en forme de feuille (2) agit avec une telle efficacité qu'il peut paralyser les doigts de la main pendant près de 24 heures après un simple contact.

Lebia chlorocephala Hoffmani, 1803

Bien que peuplant pratiquement toutes les régions d'Europe, *Lebia chlorocephala* n'est pas une espèce très abondante. Ce petit Insecte (5 à 8 mm de long) a la tête et les élytres vert métallique, le pronotum roux. Les adultes vivent principalement dans les buissons et dans les arbres où ils chassent les Insectes et larves d'Insectes. Les larves parasitent les larves des Coléoptères des feuilles et subissent un cycle de développement extrêmement complexe connu sous le nom de polymétabolisme. Les stades larvaires sont très nettement différenciés les uns des autres (1a—c). Ainsi, pendant le premier stade, la larve ou planidium est très mobile, libre, et cherche activement un hôte — une larve de Coléoptère des feuilles. Les deuxième et troisième stades larvaires vivent en parasite. En effet, la larve du deuxième stade a des pattes atrophiées et se développe à l'intérieur de la larve de Chrysomélidé dont elle se nourrit et dans laquelle elle tissera le cocon où se développera le troisième stade larvaire. Celui-ci est muni de pattes extrêmement atrophiées et ne porte pas d'appendices sur le dernier segment abdominal. Cette larve ne ressemble en rien à une larve de Carabidé. Seules, sa tête et ses mandibules sortent du cocon. Elle se nourrit des restes de tissus de la larve de Chrysomélidé et se nymphose à l'intérieur du cocon. Un tel développement existe rarement chez les Carabidés et demeure une caractéristique du genre *Lebia,* dont on connaît 7 espèces en Europe. On peut également observer ce type de développement chez certains Staphylinidés et chez tous les Rhipiphoridés.

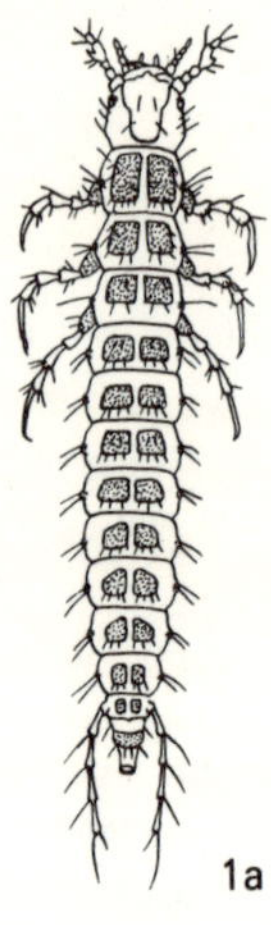
1a

Les Coléoptères du genre *Lebia* affectionnent les régions chaudes plantées de steppes arborées et de broussailles. Ils ne fréquentent pas les montagnes. En compagnie de *L. chlorocephala,* on observe souvent la présence de l'espèce apparentée et très ressemblante *L. cyanocephala,* que l'on distingue de la première par la ponctuation plus grossière des élytres et la couleur plus sombre des pattes. Les deux espèces habitent le même biotope et toutes deux apparaissent le plus fréquemment au printemps et au début de l'été. Cependant, *L. cyanocephala* est une espèce plus rare. De plus, elle ne se manifeste pas dans le nord de l'Europe.

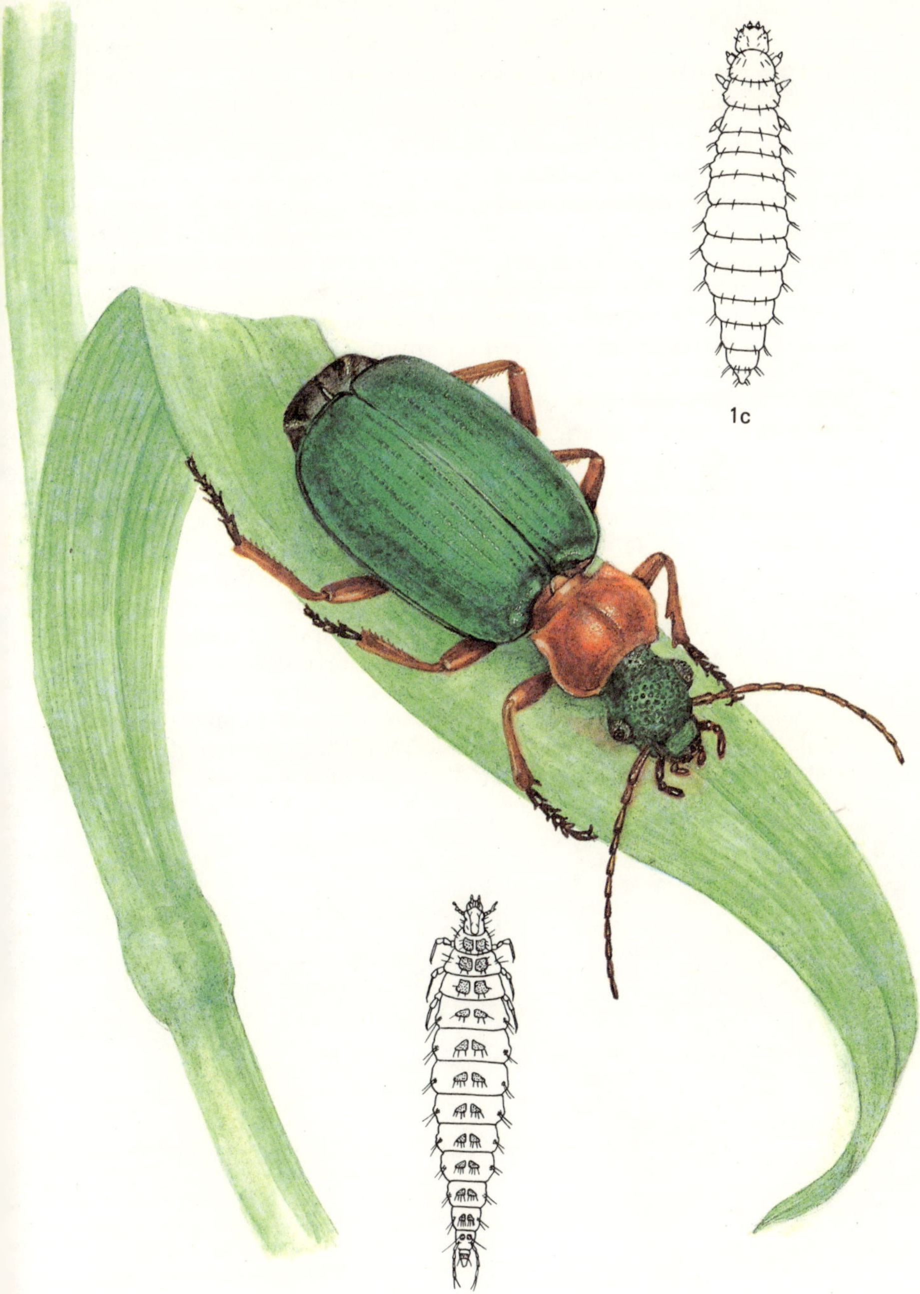

1c

1b

Gyrinus natator Linné, 1758

Gyrinus natator est le plus commun des Gyrins d'Europe. Il mesure 6 à 7 mm. Aplati sur la face ventrale, il a le dos bombé, extraordinairement soyeux du fait de la microstructure remarquablement fine des élytres et du pronotum. Les adultes tournoient gracieusement à la surface de l'eau en formant des cercles ou des courbes complexes. Ils fréquentent les lacs, mares, marais et grandes rivières. Leur mouvement est à ce point léger qu'ils ressemblent à une dalle de marbre irisée lorqu'ils volent rapidement en groupe. En cas de menace, ils disparaissent en un éclair dans la végétation du rivage ou plongent sous l'eau. Ces déplacements extrêmement rapides sont rendus possibles grâce aux pattes médianes et postérieures modifiées. Ainsi, alors que les pattes antérieures sont longues et bien adaptées à la capture des proies, les deux autres paires sont transformées en organes natatoires: les articulations sont aplaties, nettement plus larges, et recouvertes de soies denses sur la face externe. La patte tout entière est capable d'effectuer un mouvement circulaire rapide et fonctionne comme une hélice miniature. Les yeux, eux aussi, ont subi une remarquable adaptation (1): ils sont divisés horizontalement en deux parties assez distantes, l'une pour voir au-dessus de la surface de l'eau, l'autre pour regarder dans l'eau. *Gyrinus natator* (ainsi que d'autres membres de la famille des Gyrinidés) peut donc voir simultanément sur et sous l'eau, car les deux parties de l'œil sont adaptées à la différence de luminosité et de réfraction de la lumière dans l'air et dans l'eau.

2

Gyrinus natator est un prédateur de petite taille qui chasse ses proies — en majorité des Collemboles, des Patineurs d'eau (Gerridés) et d'autres petits Insectes. Son déplacement à grande vitesse lui permet de capturer des proies très rapides. Par contre, les larves (2) sont lentes, vivent au fond de l'eau et se

nourrissent généralement d'Escargots aquatiques et de larves caudées (qui ont une queue) de Mouches. La femelle pond les œufs sur les plantes aquatiques du rivage. La larve est allongée et porte 10 trachéo-branchies pectinées qui assurent la respiration sous l'eau. Arrivée au terme de son développement, la larve sort de l'eau pour se nymphoser — le plus souvent dans le sol à proximité de l'eau, ou bien sur les plantes, à quelques centimètres au-dessus de la surface de l'eau.

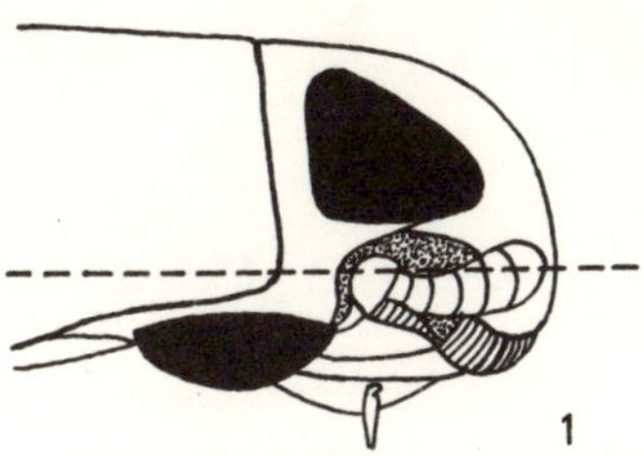

1

Brychius elevatus (PANZER, 1794)

Brychius elevatus est un membre très commun de la famille des Haliplidés, vivant dans les eaux non polluées et à faible courant. Il mesure 4 à 5 mm de long et, à la différence des autres Coléoptères aquatiques, se déplace très lentement, de façon hésitante, en effectuant de lents mouvements de pagaie de ses pattes relativement fines et allongées. Ce type de déplacement est caractéristique des Haliplidés. On rencontre habituellement *B. elevatus* parmi la végétation aquatique touffue, ou sous les pierres dans les eaux peu profondes. Les adultes sont essentiellement végétariens et se nourrissent avant tout d'algues, mais aussi de cadavres d'Insectes aquatiques ou d'Arthropodes. *B. elevatus* se distingue des autres espèces et genres d'Haliplidés par sa taille plus grande et surtout par la présence de stries arrondies mais saillantes sur les élytres. Comme tous les membres de cette famille, il vole avec agilité et, pendant les chaudes soirées estivales, on l'aperçoit en grand nombre autour des sources de lumière situées à proximité des points d'eau.

Les œufs de *B. elevatus* (comme ceux des autres Haliplidés) sont pondus sur les plantes aquatiques ou dans les tissus de ces plantes. Comme l'imago, la larve se nourrit de végétaux, voire même de substances animales qu'elle aspire à l'aide d'un petit canal logé dans les mandibules. La larve a une forme allongée, cylindrique. Elle est munie, dorsalement et latéralement, d'organes qui servent apparemment à la respiration. Le dernier segment abdominal porte des appendices relativement longs — les cerques (1). L'adulte hiberne en même temps que le troisième et dernier stade larvaire qui se nymphose au printemps dans des sols secs.

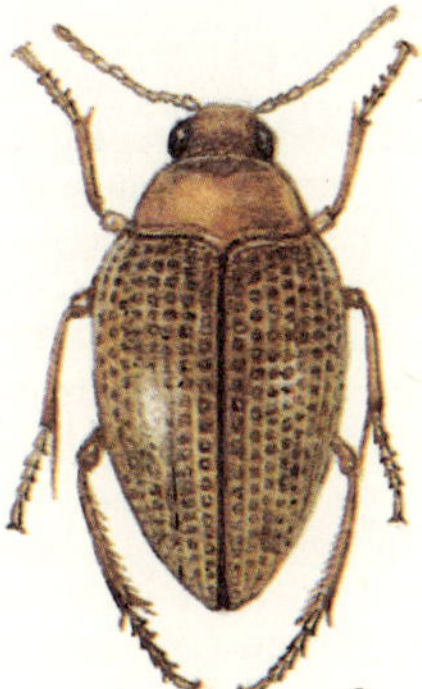

2

Certaines espèces d'Haliplidés vivent uniquement dans les eaux limpides des régions de montagne; d'autres, comme *Haliplus ruficollis* (2), peuplent les mares et les cours d'eau des plaines à courant lent.

Dytique bordé

Dytiscus marginalis LINNÉ, 1758

Dytiscidés

Dytiscidae

Comptant parmi un des plus grands membres de la famille (jusqu'à 35 mm), le Dytique bordé est aussi le plus connu. Son habitat se situe en Europe, dans les lacs et les mares au fond boueux, et dans les eaux stagnantes des grandes rivières. On le rencontre exceptionnellement dans les torrents. Le dimorphisme sexuel est très marqué : les élytres épais de la femelle sont ornés de profondes cannelures alors que ceux du mâle sont lisses. De plus, chez le mâle, les tarses des pattes antérieures sont fortement dilatés, notamment les trois premiers articles (1). Nettement plus larges que longs, ceux-ci sont hérissés latéralement de longues soies denses et portent, sous le premier article, des ventouses exsudant une sécrétion épaisse et collante permettant au mâle de bien s'accrocher à la femelle lors de l'accouplement. Celui-ci peut durer plusieurs heures et se déroule sous l'eau. Le Dytique bordé est prédateur, et sa nourriture diversifiée se compose de grands et petits Insectes et Mollusques aquatiques, de petits Crustacés et à l'occasion de têtards, petits Poissons et Grenouilles. De ce fait, c'est un nuisible redoutable des bassins d'alevinage dont il détruit uniquement la population d'alevins. Le Dytique bordé (à l'instar de tous les autres Dytiscidés) puise l'oxygène de l'air en projetant l'extrémité de son abdomen hors de l'eau. Puis il pompe littéralement l'air en soulevant ses élytres, sous lesquels l'air pourra rester ainsi emmagasiné très longtemps. L'Insecte n'est donc pas obligé de venir respirer à la surface trop fréquemment.

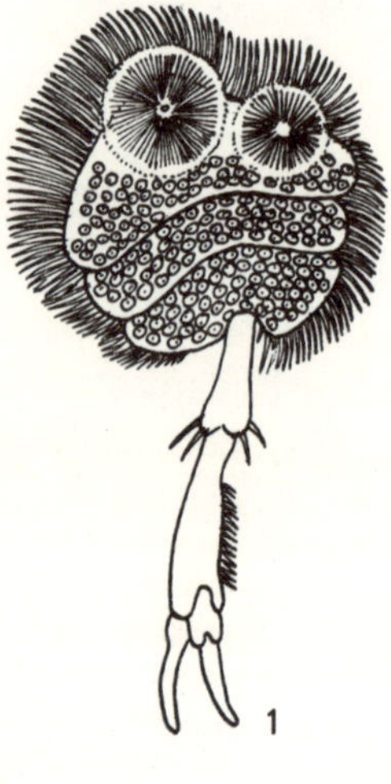

1

La femelle pond des œufs longs d'environ 7 mm au printemps et au début de l'été. Elle les dépose isolément dans les blessures des tiges de plantes aquatiques, plaies qu'elle aura elle-même ouvertes ou élargies à l'aide de son ovipositeur. Les larves éclosent au début de l'été et leur développement, ponctué de trois stades larvaires, dure 35 à 40 jours. Le dernier stade larvaire sort de l'eau et construit une loge nymphale dans le sol humide à proximité de l'eau.

La nymphose dure environ 14 jours et l'adulte hiverne à l'intérieur de la loge nymphale. Malgré la grande taille du Dytique bordé, son développement complet ne dure qu'une année. Il est possible de rencontrer des adultes très tôt au printemps.

Large Dytique
Dytiscus latissimus LINNÉ, 1758

Dytiscidés
Dytiscidae

Dytiscus latissimus est le plus grand Dytiscidé. Il peut mesurer jusqu'à 45 mm de long et arrive en seconde position dans le monde parmi les Coléoptères aquatiques, derrière l'Hydrophile brun *(Hydrous piceus)* appartenant à la famille des Hydrophilidés. Il vit dans les étangs, les lacs boueux et les eaux stagnantes des grandes rivières des plaines inondables, même si on l'y rencontre moins souvent que le Dytique bordé. Bien que peuplant quasiment toute l'Europe, il est pratiquement absent aujourd'hui des régions de cultures intensives du fait de son extrême sensibilité à la pollution des eaux par les produits chimiques utilisés intensivement en agriculture. Bien qu'il soit peut-être encore plus vorace que le Dytique bordé et n'hésite pas à s'attaquer à d'assez gros Poissons et Grenouilles, il cause relativement peu de dégâts dans les étangs de pisciculture du fait de son petit nombre. On retrouve le même dimorphisme sexuel et le même cycle de développement que chez le Dytique bordé. Comme d'autres Coléoptères aquatiques prédateurs, *D. latissimus* vole très bien, et qui plus est sur de longues distances, phénomène étonnant pour un Insecte de cette taille. À l'instar des autres membres de la famille, il utilise ses pattes postérieures très modifiées comme des rames. Elles sont en effet aplaties et prolongées par de longues soies rigides qui augmentent la surface effective des « pagaies ».

Les larves des Dytiscidés ont le corps de couleur brune, moyennement chitinisé, en forme de fuseau, surmonté d'une tête étonnamment longue, arrondie le plus souvent, et séparée du thorax par un « cou » étroit. Elles sont généralement plus voraces que l'adulte et capturent leurs proies en nageant ou en les guettant, cachées dans la végétation aquatique. L'extrémité de l'abdomen est pourvue soit d'un seul appendice (*Cybister lateralimarginalis* — 1), soit de deux appendices (*Dytiscus marginalis* — 2). Certaines larves de l'espèce *Hyphydrus* en ont même trois. Les larves des Dytiscidés n'ont qu'une paire de stigmates développés (la dernière); les autres sont visibles mais non

fonctionnels. La larve puise l'oxygène en se maintenant à la surface de l'eau grâce à des soies prolongeant les derniers segments abdominaux, et en aspirant l'air par les stigmates qui affleurent à la surface du liquide.

Acilie sillonnée
Acilius sulcatus (LINNÉ, 1758)

Dytiscidés
Dytiscidae

Acilius sulcatus mesure 15 à 18 mm de long. C'est le plus commun des Dytiscidés de taille moyenne. Il peuple les étangs et les mares, les rivières à faible courant, les eaux stagnantes, les sablonnières et les carrières de cailloux de toute l'Europe. Le dimorphisme sexuel est très marqué: le mâle a les tarses des pattes avant dilatés et munis de ventouses, ainsi que des élytres lisses. Le développement de cette espèce diffère légèrement de celui des autres Dytiscidés car les œufs sont pondus au printemps en petits tas, non pas dans l'eau mais le plus souvent directement dans le sol à proximité de l'eau, sous le bois rejeté sur le rivage ou sous des pierres au bord de l'eau. Aussitôt après l'éclosion, la jeune larve se dirige vers l'eau où elle poursuivra son développement, à l'instar des autres larves de Dytiscidés. De même, cette larve prédatrice est très vorace et, à l'exemple des autres espèces, ne chasse pas comme l'adulte. En effet, elle a une digestion extra-orale car sa bouche n'est pas fonctionnelle. Elle tue ses proies à l'aide de ses longues mandibules falciformes dans lesquelles passe un étroit canal qui s'ouvre sur la partie antérieure du système digestif. Par ce canal, la larve injecte des sucs digestifs dans sa proie, puis attend que se déroule le processus de digestion à l'extérieur de son propre corps. Enfin, elle aspire les parties liquéfiées de l'organisme de sa victime, toujours au travers du canal mandibulaire.

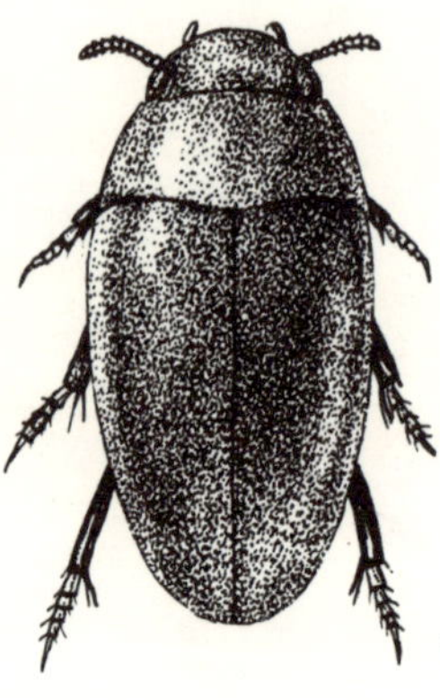

1

Les Coléoptères aquatiques n'appartiennent pas tous à la famille des Dytiscidés, même si on pourrait le croire à première vue. Ainsi, *Noterus clavicornis* (1), espèce relativement abondante en Europe dans les cours d'eau limpides et autres pièces d'eau, ressemble à un Dytiscidé mais appartient à une autre famille — celle des Notéridés. Les larves de cette espèce opèrent différemment pour s'alimenter en oxygène : elles percent les tissus végétaux, puisent dans les réserves d'oxygène des plantes aquatiques, et n'ont ainsi pas besoin de sortir de l'eau. Le sous-ordre des Coléoptères carnivores (Adéphages), dont nous avons traité jusqu'à présent, est suivi du sous-ordre des Archostémates, qui regroupe un petit nombre d'espèces et demeure peu connu. Il compte dans ses rangs les groupes de Coléoptères les plus primitifs. L'espèce *Priacma serrata* (2) appartient à la famille des Cupédidés, qui regroupe plusieurs espèces vivant jusque dans la région paléarctique.

2

Hydrophile brun
Hydrous piceus (Linné, 1758)

Hydrophylidés
Hydrophilidae

Avec ses 50 mm de long, c'est le plus grand Coléoptère aquatique du monde. Le corps, de couleur noire, est nettement bombé sur le dos et quasiment plat sur la face ventrale. L'Hydrophile brun vit dans la région paléarctique où il peuple les eaux stagnantes et vaseuses des grandes plaines inondables, les mares envahies par la végétation et les flaques d'eau vaseuse. Jadis très répandu, il se fait de plus en plus rare, décimé par la pollution chimique des eaux de surface. Bien qu'il ressemble légèrement à un Dytiscidé et que ses pattes médianes et postérieures soient adaptées pour ramer, on l'en distingue au premier coup d'œil grâce à la présence des antennes capitées (terminées par une massue) et aux palpes maxillaires proéminents plus longs que les antennes. Ces palpes remplacent les antennes, utilisées pour la respiration chez l'Hydrophile brun et d'autres espèces apparentées, et jouent le rôle d'organes des sens. À l'encontre des Dytiscidés, l'Hydrophile brun ainsi que d'autres espèces d'Hydrophilidés viennent respirer à la surface de l'eau. Ils brisent le film superficiel du liquide à l'aide de l'extrémité aiguisée de leurs antennes en forme de massue, puis conduisent l'air le long des antennes jusqu'au réservoir d'air situé sous les élytres et sous l'abdomen. Celui-ci est recouvert de soies fines et imperméables fixant le film d'air. À partir de l'abdomen et des élytres, cet air est conduit le long d'une strie latérale abdominale jusqu'aux stigmates. Les œufs sont pondus au printemps dans un cocon dont la texture est proche de la soie. Celui-ci flotte sur l'eau, protégeant les œufs d'ennemis éventuels et des mauvaises conditions extérieures. Toutes les femelles d'Hydrophilidés aquatiques tissent ce type de cocon.

À la différence des adultes qui sont végétariens, les larves des Dytiscidés et celles de l'Hydrophile brun constituent les prédateurs aquatiques les plus voraces du monde animal. Ces larves chassent les mêmes proies: grandes larves d'Insectes aquatiques, Mollusques, têtards, fretin. Elles ont également une digestion extra-orale, les aliments digérés étant ensuite aspirés dans la cavité buccale. Cependant, à la différence des larves de Dytiscidés, celle des Hydrophilidés maintient souvent sa proie à la surface de l'eau car ses mandibules aspirantes ne sont pas aussi bien adaptées. La larve de l'Hydrophile

brun s'alimente en air atmosphérique grâce à la paire de stigmates situés sur le dernier segment abdominal (1), alors que la larve d'un autre Hydrophilidé commun, *Hydrophilus caraboides* (2), utilise des trachéo-branchies pour capter l'oxygène de l'eau. Ces Coléoptères se développent en une année. La larve se nymphose toujours à l'intérieur d'un cocon, dans un endroit du sol hors de portée de l'eau.

Sphaeridium scarabaeoides (Linné, 1758)

Sphaeridium scarabaeoides n'est pas un Insecte aquatique, comme c'est très souvent le cas dans la famille des Hydrophilidés, mais un Insecte terrestre. Il mesure 5 à 7 mm de long. On le trouve partout en Europe, habituellement sur les matières végétales en décomposition, surtout les excréments de Vaches et de Chevaux. Cet Insecte redoutable joue un rôle important en élevage car il sert d'hôte intermédiaire à de nombreuses espèces d'Helminthes dont il absorbe les œufs lorsqu'il se nourrit des déchets végétaux incorporés aux excréments des Mammifères. Les troupeaux mangent alors nombre de ces Insectes lorsqu'ils broutent l'herbe et sont donc infestés par les larves d'Helminthes, endoparasites des Coléoptères. Cependant, ces derniers ne constituent pas uniquement un danger pour les animaux aux pâturages. En effet, ils volent très aisément et se trouvent attirés le soir par la lumière des étables où ils risquent également d'infester les animaux qui ne sortent pas au pré.

La femelle dépose ses œufs dans de petits tas d'excréments ou dans de la matière végétale en décomposition. La larve a des pattes assez courtes, le corps légèrement chitinisé, et ressemble un peu à un petit Ver. À l'exemple des autres larves d'Hydrophilidés terrestres, la larve de *S. scarabaeoides* est végétarienne. Le dernier stade larvaire se nymphose à l'intérieur d'une loge nymphale placée dans un endroit très humide. Afin que le cocon ne soit pas en contact direct avec l'eau et demeure entouré en permanence d'une pellicule d'air, l'extrémité avant de cette enveloppe est munie de huit longues excroissances en forme d'épine. On observe le même type d'épines sur l'abdomen (1). Elles servent de support et empêchent le cocon de coller aux parois humides de la loge nymphale.

2

La famille des Hydrophilidés arrive en première place dans le sous-ordre des Polyphages, ou Coléoptères carnivores — le plus grand de tous les sous-ordres. Tous ont une caractéristique commune : le premier segment abdominal visible n'est pas divisé par la hanche postérieure. À quelques exceptions près, ils ont en majorité des mœurs terrestres et les adultes sont végétariens. Très proche de la famille des Hydrophilidés, celle des Hydrénidés regroupe un grand nombre de petites espèces discrètes, dont la face dorsale est souvent sculptée de façon complexe. L'une des plus communes est

Helophorus flavipes (2), présent dans presque toute la région paléarctique et abondant dans les régions de faible altitude et au pied des collines. Ces espèces minuscules sortent souvent en masse par les chaudes soirées printanières et constituent ce que l'on appelle le plancton atmosphérique.

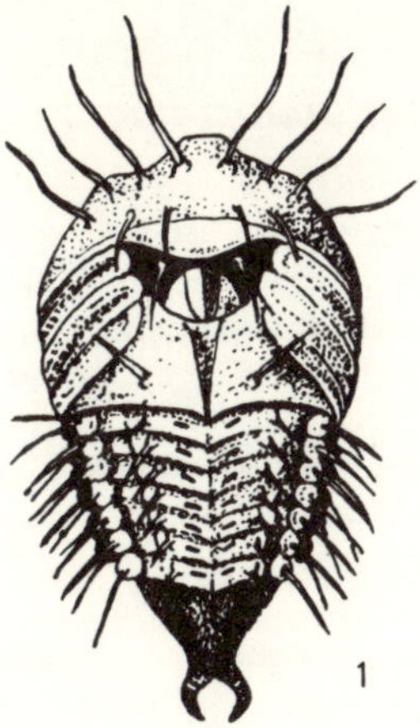

1

Hister quadrimaculatus Linné, 1758

Présent dans l'ensemble de la région paléarctique, *Hister quadrimaculatus,* à l'instar de quelques autres Histéridés, est assez sobrement coloré. Long de 7 à 11 mm, le corps très bombé a un tégument fortement chitinisé. Lorsqu'on le dérange, cet Insecte ramène les antennes et les pattes près du corps et simule la mort quelque temps. Les adultes sont saprophages et vivent sur les excréments des Mammifères herbivores, dans les cadavres à demi décomposés et même dans les champignons et les Pommes de terre pourris, etc. La larve, elle, est prédatrice, et chasse principalement des larves de Mouches ainsi que d'autres Insectes coprophages et nécrophages. La larve a un corps peu chitinisé, des pattes courtes et des mandibules assez longues, trait caractéristique des Coléoptères prédateurs. L'extrémité très arrondie de l'abdomen se termine par des appendices articulés en deux points — les cerques. À l'exemple d'autres espèces nécrophages, *Hister quadrimaculatus* nettoie l'environnement de différents déchets. Cependant, il sert également d'hôte intermédiaire ou de transporteur passif aux différents stades de développement des Helminthes, parasites du bétail.

Points communs remarquables de tous les Histéridés, les élytres raccourcis, comme tronqués, ne recouvrent pas les deux derniers segments abdominaux, et les antennes courtes, pratiquement coudées, sont terminées par des massues très visibles.

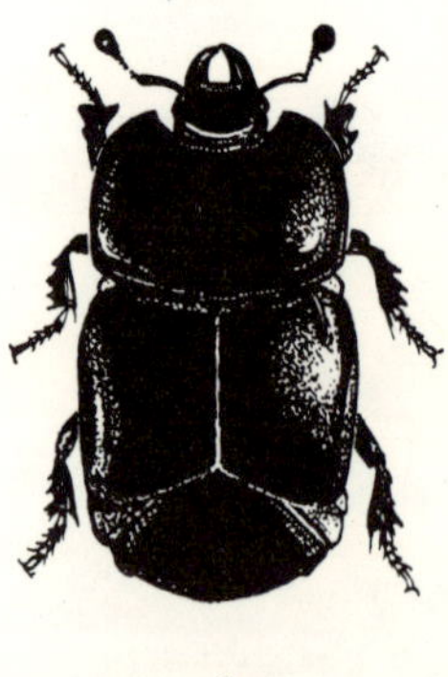

1

Certaines espèces d'Histéridés ont une forme cylindrique car elles vivent dans les tunnels habités par d'autres Insectes qu'elles chassent. D'autres espèces sont fortement aplaties et ressemblent presque à une feuille, notamment celles qui vivent sous l'écorce des arbres morts où elles se nourrissent des larves d'autres Insectes. L'espèce commune européenne *Hololepta plana* (1) a l'extrémité du corps très aplatie et vit sous l'écorce des Peupliers mourants.

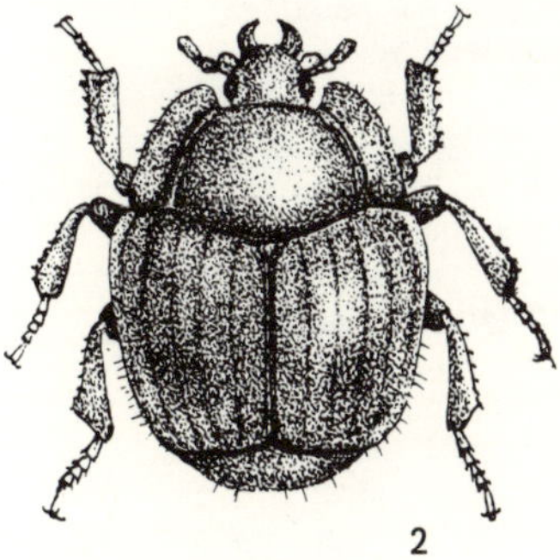

2

La famille des Histéridés compte aussi des espèces myrmécophiles telle *Hetaerius ferrugineus* de couleur rouille (2), qui vit comme un invité choyé (symphile) dans le nid des Fourmis terricoles (en majorité du genre *Lasius*) sur les talus chauds et ensoleillés et dans les steppes d'Europe centrale et du Sud.

Leptinus testaceus (Müller, 1817)

C'est un Insecte aptère, aveugle, ne possédant même pas des vestiges d'yeux. Il est formidablement adapté à un mode de vie tout à fait particulier. En effet, de forme aplatie et de couleur jaune-rouille, il mesure 2 à 3 mm de long et vit dans la fourrure et les nids de petits rongeurs insectivores, notamment les Campagnols, Musaraignes et Taupes. Cet exemple constitue le premier stade vers un mode de vie parasitique car ni le Coléoptère ni ses larves ne portent préjudice à leur hôte. Ils se nourrissent apparemment des desquamations de la peau mais ne sont en aucun cas fixés à l'hôte. Différentes matières en décomposition suffisent également à leurs besoins. On rencontre aussi les adultes à l'extérieur des terriers de petits Mammifères, dans les sols argileux et sous de vieilles feuilles en décomposition où, bien sûr, on trouve habituellement d'innombrables terriers de Campagnols. *L. testaceus* fréquente même les nids de Bourdons. Il vit quasiment partout en Europe, même si on ne le rencontre que rarement du fait de ses mœurs discrètes. Il s'installe dans pratiquement tous les terriers de Campagnols, Souris et Taupes et on peut même observer directement des adultes dans la fourrure de petits rongeurs qui se sont laissés prendre dans un piège. La larve aveugle a une forme allongée et aplatie; son abdomen compte dix segments. Les antennes sont articulées en trois points et le corps est muni de longues soies sensorielles, notamment à l'avant. Cette espèce est particulièrement abondante vers la fin de l'été, lorsque l'adulte sort de la nymphe.

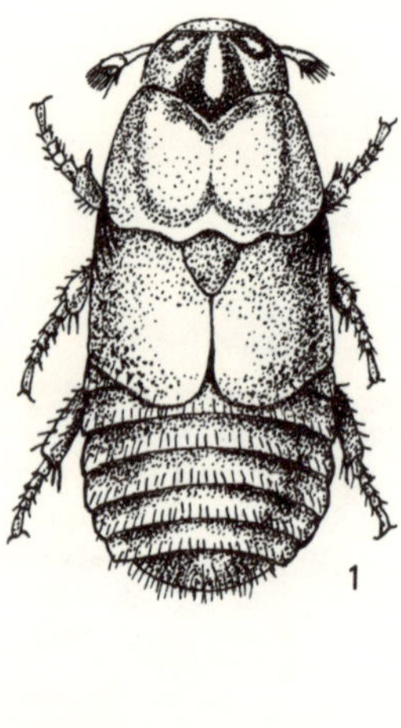

1

La famille des Leptinidés compte peu de membres; on ne connaît que trois espèces en Europe. Ainsi, *Platypsyllus castoris* (1) a été découvert dans la fourrure des Castors vivant en captivité ou à l'état sauvage, en Europe et en Amérique du Nord. Cette espèce a atteint un degré d'adaptation à la vie parasitique beaucoup plus poussé que *Leptinus testaceus* (élytres atrophiés, plusieurs griffes et crochets pour s'agripper, antennes réduites); elle ne quitte jamais son hôte et a le corps couleur rouille-claire. La troisième et dernière espèce européenne, *Silphopsyllus desmanae*, est très rare et vit dans la fourrure du Desman originaire de Russie (*Desmana*

moschata). Les Coléoptères de la proche famille des Catopidés vivent dans les nids d'Oiseaux et de Mammifères, sur les matières en décomposition, les champignons, les excréments, etc. On ne les y repère pas toujours immédiatement. L'espèce européenne la plus commune est *Catops nigra* (2), qui mesure 3,5 à 4,5 mm et pullule surtout sur les cadavres.

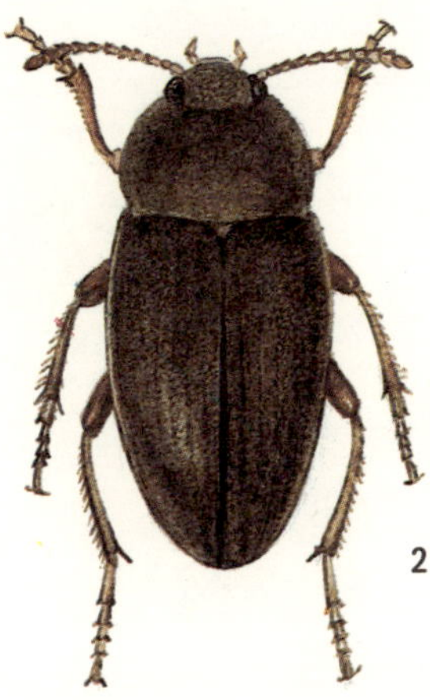

2

Nécrophore fossoyeur
Necrophorus vespillo (LINNÉ, 1758)

Silphidés
Silphidae

Le Nécrophore fossoyeur peut mesurer jusqu'à 22 mm de long et s'orne d'une couleur brillante orange et noire. Très abondant, on le trouve partout en Europe. Les élytres tronqués laissent les trois derniers segments abdominaux découverts. Ceci est un caractère commun à tous les Coléoptères fossoyeurs du genre *Necrophorus*. Ces Insectes sont extrêmement utiles car ils débarrassent la nature des cadavres d'animaux, en éboueurs tout à fait efficaces. Le Nécrophore fossoyeur a le sens olfactif très développé (dont le centre est situé dans les articulations dilatées des antennes) et peut flairer la présence d'un cadavre au premier stade de décomposition à des distances considérables. Un grand nombre d'Insectes peuvent se réunir autour d'un même cadavre. Si celui-ci repose sur un sol dur et s'il n'est pas trop volumineux, les Coléoptères tentent lentement de le transporter sur un sol plus mou. Ils commencent ensuite à creuser sous le cadavre qui s'enfonce lentement mais sûrement dans le sol. À ce moment-là, une femelle de grande taille chasse les autres individus et il ne reste plus qu'un seul couple pour achever l'enterrement. Ce n'est que lorsque le corps est entièrement recouvert de terre que la femelle commence à pondre des œufs jaunes et longiformes à proximité. Les larves qui éclosent ont des pattes courtes et un corps de couleur jaune aux sclérites (plaques durcies du squelette externe) hérissés d'épines (1). Elles se déplacent lentement et, au premier abord, ressemblent à des larves de Fourmis. L'extrémité de l'abdomen porte une paire de gros appendices sclérifiés (recouverts de chitine) — les urogomphes.

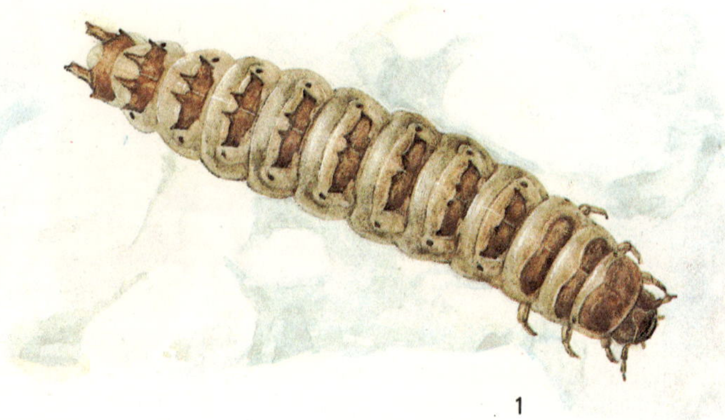

1

Toutes les espèces du genre *Necrophorus* sont remarquables par les soins qu'elles prodiguent à leur progéniture. Après la ponte, la femelle chasse même le mâle et avant que les larves n'éclosent (5 jours après environ), elle enroule le cadavre dans une espèce de balle dont la partie supérieure est équipée d'une sorte de cheminée. Elle remplit celle-ci de sucs digestifs sécrétés par son appareil digestif puis la referme. À leur sortie, les larves convergent vers cette dépression et sont alimentées par la mère, de la bouche à la bouche, avec des substances digérées, et ceci à de courts intervalles (10 à 30 minutes). Après avoir été nourries ainsi pendant plusieurs heures, les larves commencent à s'alimenter seules. Le même processus se reproduit au deuxième stade larvaire. Seul, le troisième et dernier stade s'alimente totalement sans l'aide de la mère. La nymphose dure environ deux semaines. Chez certaines espèces, c'est le troisième stade larvaire qui hiverne, chez d'autres, c'est la forme adulte.

Silphe à quatre points
Xylodrepa quadripunctata (SCHREBERS, 1759)

Silphidés
Silphidae

C'est la couleur qui est remarquable chez *Xylodrepa quadripunctata*. Les autres Coléoptères des charognes sont habituellement de couleur noire ou au plus ornés de taches orange, alors que le Silphe à quatre points a le dessus du corps jaune, la tête et le centre du pronotum noirs avec deux gros points noirs sur chaque élytre. Long de 12 à 14 mm, il peuple les régions chaudes d'Europe et vole très aisément. Son régime alimentaire n'est pas composé de cadavres, comme la majorité des membres de cette famille, mais de proies vivantes car il est prédateur. Les adultes et surtout les larves sont grands dévoreurs de chenilles, pour la plupart des larves de Papillons de nuit de *Tortrix* et Lymantridés, dont ils sont capables de consommer des quantités phénoménales. La larve (1) est noire, avec la tête et l'extrémité de l'abdomen roux-brun, le corps aplati, fortement chitinisé et proche de la forme d'une trilobite. Les pattes sont assez courtes et les segments abdominaux s'allongent et s'aplatissent vers l'arrière en forme d'épines dilatées. Les larves traversent trois stades larvaires au cours d'un développement très rapide (4 à 5 semaines). Elles se nymphosent dans le sol. On les rencontre assez rarement, cependant, lors de la période d'hibernation de certaines larves de Mites (dont les larves de la Tordeuse verte — *Tortrix viridana*) on peut les voir en grand nombre courir sur les troncs et les branches d'arbres et d'arbustes à la recherche de chenilles. Du fait de son régime alimentaire spécialisé, *Xylodrepa quadripunctata* est un des Coléoptères les plus utiles.

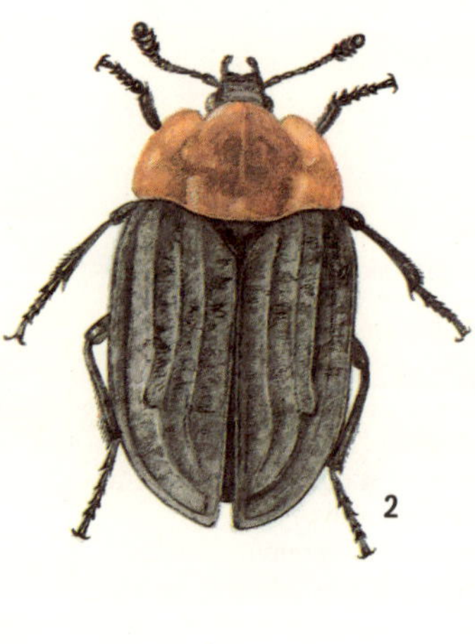

2

Oeceoptoma thoracica (2) est un autre grand éboueur de la nature. Entièrement noir, paré d'un pronotum orange duveteux, il constitue un des Silphidés les plus communs d'Europe, où il peuple les régions de basse et haute altitudes. Les larves ressemblent à celles de *Xylodrepa quadripunctata* mais sont de couleur brun noirâtre et encore plus plates.

Proche de la famille des Coléoptères des charognes, celle tout à fait particulière des Bathyscidés regroupe des espèces peuplant les grottes d'Europe centrale. Vivant en permanence dans l'obscurité, ils sont aveugles et ne peuvent voler. Leurs élytres présentent habituellement un étrange renflement (voir le genre *Bathysca* — 3), et les pattes et les antennes sont longues et filiformes. Du fait de leur isolement prolongé, les espèces ont évolué chacune dans des types de grottes différents et sont donc toutes différentes.

1

3

Anisotoma humeralis Fabricius, 1772

Un nombre considérable de Coléoptères, notamment ceux de petite taille, vivent sur les champignons, parfois de façon exclusive (mycétophages). C'est le cas de la famille des Anisotomidés, qui regroupe en majorité de petites espèces quasiment sphériques, dont la plus commune en Europe est *Anisotoma humeralis.* Mesurant 3 à 4 mm de long, elle a le corps noir, très bombé, les élytres ornés de deux points rouges. Parfois, les élytres sont entièrement rouges ou totalement dépourvus de points. Cet Insecte peuple les forêts, des montagnes jusqu'aux plaines. On le rencontre principalement sur les espèces les plus dures de champignons du bois (le plus souvent des Polypores) ou sur le sclérote durci des Myxomycètes. Les larves de *A. humeralis* ont le corps plat, de couleur claire, et vivent dans les tissus des champignons. Le champignon le plus apprécié de cet Insecte est sans doute le Polypore *Polyporus squamosus,* qui fermente lorsqu'il meurt et dégage une odeur fétide qui attire des milliers de Coléoptères très variés. *A. humeralis* vole bien et forme des essaims entiers notamment par les chaudes soirées d'été. De ce fait, les Anisotomidés contribuent à la formation du plancton atmosphérique, composé d'une énorme quantité de petits Insectes et Arthropodes qui, lorsque les conditions météorologiques sont favorables, remplissent l'air et servent de nourriture à de nombreux autres animaux.

1

Scaphidium quadrimaculatum (1), appartenant à la famille des Scaphilidés, est également un Coléoptère mycétophage. Il vit sur des champignons spongieux et sur le mycélium des champignons situés sous l'écorce et sur les souches d'arbres. Les moisissures et le fin mycélium sont les spécialités des Coléoptères de la famille des Scydménidés, qui comprend des individus longs de 1,5 à 2,5 mm de couleur noire ou rouille, en forme de larme. Certaines espèces ont des palpes maxillaires très développés, par exemple *Scydmaenus tarsatus* (2). Les membres peu nombreux de l'intéressante famille des Liodidés vivent sur les champignons qui poussent dans le sol (Truffes). D'autres espèces (voir *Liodes calcarata* — 3) ont les tibias fortement incurvés, hérissés d'épines denses, et donc bien adaptés pour creuser dans le sol.

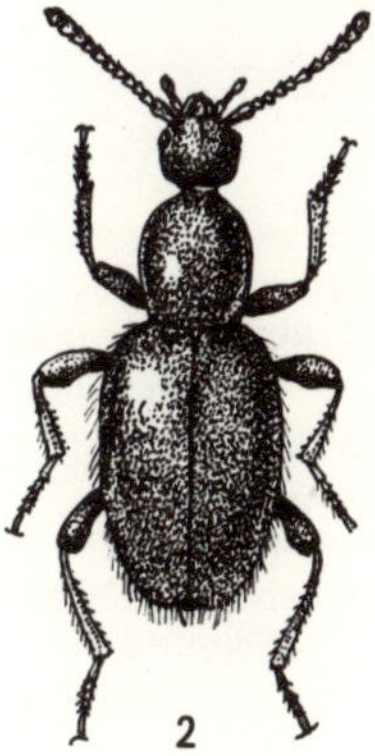

2

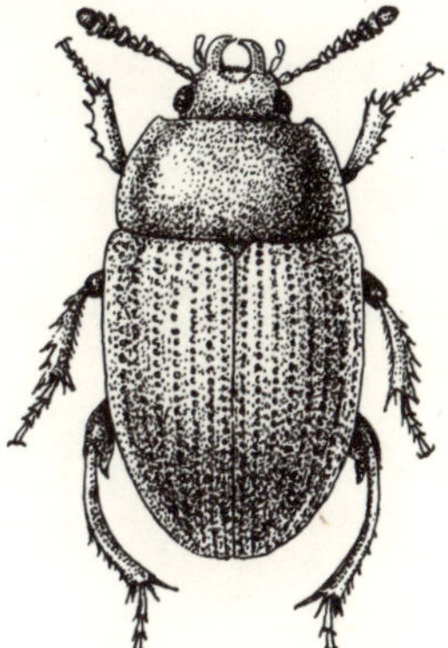

3

Rybaxis longicornis (LEACH, 1817)

Tous les membres de cette famille sont de petite taille, de couleur sombre ou rouille et relativement uniformes. On les reconnaît facilement à leurs élytres fortement tronqués, ne recouvrant pas les quatrième et cinquième segments abdominaux. Une majorité d'espèces vit dans l'humus sous les écorces, dans les vieilles feuilles produisant du terreau, ou dans le bois friable des vieux arbres et vieilles souches. C'est là que l'on trouve un membre représentatif de cette famille, *Rybaxis longicornis*. Ce petit Coléoptère (1,8 à 2,2 mm de long) de couleur rouille ressemble à une Fourmi par sa forme. Il porte de fines et longues antennes terminées par de minuscules massues. Les palpes maxillaires, notamment ceux du mâle, sont plus longs et ont le dernier article dilaté. On trouve *R. longicornis* en Europe, au nord de l'Afrique et en Asie centrale.

Certains Psélaphidés peuplent également les parois moussues des nids d'Oiseaux, les nids de petits Mammifères, de Guêpes, d'Abeilles sociales et d'autres espèces vivant dans les fourmilières où elles sont simplement tolérées ou au contraire choyées. Les Coléoptères exsudent sur leurs segments abdominaux des substances que les Fourmis viennent lécher. Les Psélaphidés comptent aussi des espèces qui vivent librement dans le sol le long des cours d'eau, comme *Bibloplectus ambiguus* (1). Ces Coléoptères ont un corps allongé ressemblant à celui des Staphylinidés auxquels ils sont étroitement apparentés.

On ne connaît pratiquement pas les larves des Psélaphidés. La larve de la seule espèce que l'on ait pu étudier à ce jour ressemble à une larve de Staphilinidé.

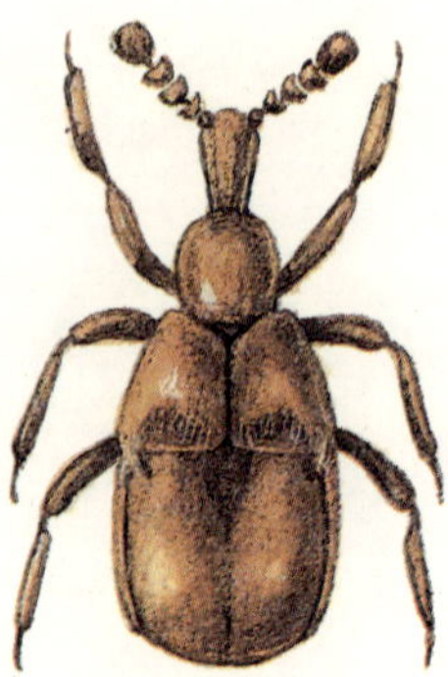

2

La famille des Clavigéridés est très proche de celle des Psélaphidés. Un de ses parfaits représentants est *Claviger testaceus* (2), de couleur roux clair et mesurant 2 mm de long. Cette espèce myrmécophile symphile vit en compagnie de la Fourmi jaune, *Lasius flavus*. Ses mœurs parasitiques ont entraîné de fortes adaptations: incapacité de voler, cécité totale, nombre réduit des articles des tarses et articles

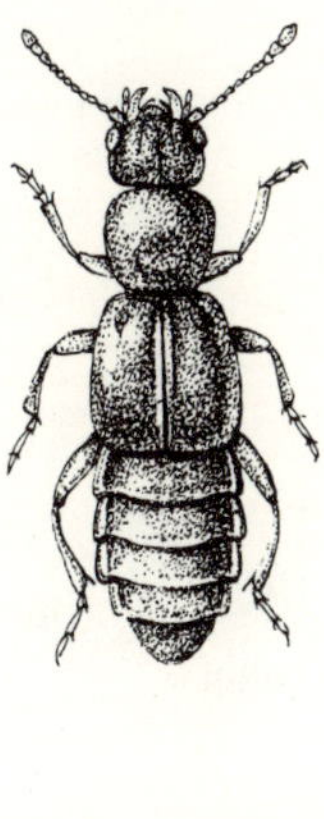

1

des antennes plus épais. Juste derrière les élytres, sur la face dorsale, se trouve une profonde dépression, entourée de longues soies, où sont sécrétées les substances qui attirent les Fourmis. Ce Coléoptère peuple les régions chaudes de l'Europe et est complètement dépendant de son hôte.

Staphylin bourdon Staphylinidés
Emus hirtus (LINNÉ, 1758) *Staphylinidae*

Très différent des autres Staphylinidés de grande taille très colorés, *Emus hirtus* est recouvert d'une pilosité dense et longue, de couleur jaune, sur la tête, le pronotum et les trois derniers segments abdominaux. Chez les autres Staphylinidés, la tête et le pronotum sont toujours glabres ou très peu velus. *Emus hirtus* mesure jusqu'à 28 mm de long, et ses mandibules falciformes indiquent que c'est un prédateur. Il se nourrit des larves d'autres Insectes, principalement de larves de Mouches. Extrêmement rapide, il chasse ses proies sous les cadavres de gros animaux et sous les grosses bouses de Vaches dans les pâturages. Outre les larves de Mouches, c'est là qu'il trouve des larves de Scarabéidés, toujours nombreuses à cet endroit. Autre biotope, artificiel celui-là : les tas d'os et de déchets à proximité des abattoirs, où l'on trouve parfois un grand nombre de ces Insectes. La larve de *Emus hirtus* a sensiblement les mêmes mœurs que l'adulte. *Emus hirtus* vit dans les régions chaudes d'Europe centrale et méridionale, mais demeure une espèce assez rare. À l'instar de tous les Staphylinidés, il a des élytres tronqués cachant les ailes membraneuses entièrement développées, et vole très agilement avec l'abdomen légèrement relevé.

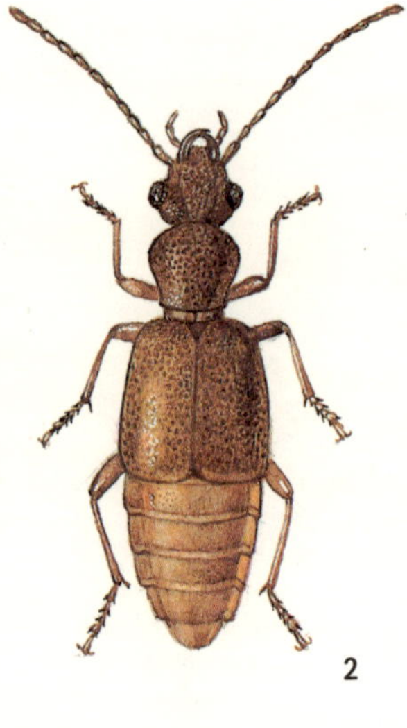

2

La famille des Staphylinidés compte l'un des plus grands nombres d'espèces. À l'heure actuelle, 30 000 ont déjà été décrites. Cette famille se caractérise par la brièveté des élytres et la tête dirigée vers l'avant (prognathe). Les élytres fortement tronqués laissent en général l'ensemble de l'abdomen à découvert; cependant, chez certaines espèces, notamment celles du genre *Lathrimaeum*, seuls les deux derniers segments abdominaux restent découverts.

Les Staphylinidés appartenant à la sous-famille des Micropeplinés sont remarquables par le bel ornement du pronotum, des élytres et des segments abdominaux. Les antennes n'ont que neuf articles et se terminent par d'imposantes massues. Une des espèces les plus communes est *Micropeplus porcatus* (1) qui vit dans le compost et les feuilles en décomposition. Les Staphylinidés sont habituellement prédateurs ou saprophages, à l'exception du genre *Anthophagus*, dont les membres, à l'instar de *A. caraboides* (2), mangent les fleurs.

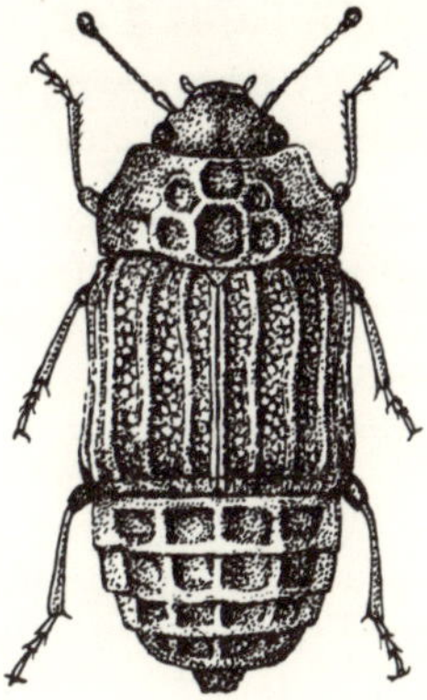

1

Staphylin à raies d'or
Staphylinus caesareus CEDERHJELM, 1798

Staphylinidés
Staphylinidae

Staphylinus caesareus habite l'ensemble de l'Europe centrale et méridionale et une partie du nord de l'Europe. On le trouve sous les pierres, les morceaux de bois et d'écorce dans les endroits découverts et les steppes arborées. Il se distingue des autres espèces apparentées par sa taille (jusqu'à 22 mm de long) et ses couleurs vives, notamment les taches jaunes caractéristiques sur les tergites abdominaux. Le soir ou après une averse, les adultes courent de part et d'autre avec agilité, y compris dans des biotopes totalement artificiels. Comme la majorité des Staphylinidés, *Staphylinus caesareus* est prédateur et chasse des Insectes et leurs larves, des Vers de terre et de petits Escargots. La larve, également prédatrice, vit sous les pierres et dans des fentes du sol. Longue, élancée et cylindrique (1), elle ressemble énormément aux larves de certains Carabidés. Seuls, la tête et le thorax ont un tégument fortement chitinisé ; les segments abdominaux sont mous, de couleur claire et ont les tergites sclérifiés (recouverts de chitine). Le dernier segment abdominal porte deux longs appendices ou cerques. Le développement est ponctué par trois stades larvaires ; la larve du dernier stade hiberne.

1

On a découvert que certains Staphylinidés (dont ceux du genre *Aleochara*) se caractérisaient par un développement polymétabolique : le premier stade larvaire est actif et recherche une nymphe de Cyclorrhaphe, dans laquelle elle pénètre et devient inactive. Elle achève son développement à l'intérieur de la nymphe. Les Staphylinidés ont des nymphes emmaillotées de type nymphe obtecte, que l'on rencontre très rarement chez les Coléoptères.

Certaines espèces de Staphylinidés, appartenant par exemple au genre *Bledius,* vivent au bord de l'eau et sont réputées pour les soins qu'elles prodiguent à leur progéniture. Ainsi, avant de pondre les œufs, la femelle creuse un long tunnel dans le sable, le divise en cellules qu'elle approvisionne en nourriture (algues), puis dépose un œuf dans chaque cellule.

2

De nombreux Staphylinidés vivent également sur les champignons, notamment les petites espèces du genre largement représenté des *Atheta,* qui ne mesurent que 1 à 2 mm de long et se nourrissent de Mites et de Collemboles. De même, *Oxyporus rufus* (2), vivement coloré, mesure jusqu'à 12 mm de long et mange des larves de Mouches qu'il trouve dans les champignons. Il est largement représenté dans toute l'Europe et le Caucase, jusqu'à la Sibérie.

Paederus riparius (LINNÉ, 1758)

Fréquentant souvent les bords sablonneux des rivières et des étangs, *Paederus riparius* est élancé, très agile, mesure environ 8 mm de long et est paré de vives couleurs. La tête et l'extrémité de l'abdomen sont noirs, les élytres bleu ciel et le reste du corps orange. Il diffère des autres espèces de la famille par son pronotum aussi long que large. *P. riparius* vit pratiquement partout en Europe, au bord de l'eau sous les pierres et dans les fissures du sol, ainsi que sous les plantes aquatiques et les morceaux de bois rejetés par les eaux. C'est là qu'il chasse différents petits Insectes, larves d'Insectes et Mites. La larve est elle aussi prédatrice, très agile, de forme allongée et cylindrique et rappelle les larves des petits Carabidés, dont elle diffère cependant par sa tête ronde. Le dernier segment abdominal porte de longs appendices non articulés. À l'instar d'autres Coléoptères du genre *Paederus,* son étonnante coloration d'avertissement indique qu'il s'agit d'une espèce toxique. Le principe actif du poison est un alcaloïde, la pédérine. Il agit par contact, a un effet irritant comme la célèbre ypérite, et est dispersé dans l'hémolymphe (sang des Invertébrés). Le Coléoptère tout entier est donc toxique. Ainsi, si l'Insecte est manipulé sans précaution et légèrement écrasé, aucune réaction immédiate n'est perceptible, et c'est seulement quelques heures, voire un ou deux jours plus tard, que les démangeaisons se manifestent. Elles s'apaisent difficilement et durent plusieurs jours. Cet Insecte peut provoquer de graves lésions de l'œil et la conjonctivite.

1

Un fort pourcentage de Staphylinidés s'est adapté à la vie en compagnie des Fourmis. *Atemeles strumosus* (1), *Dinarda dentata* (2) et *Zyras humeralis* (3) en constituent des exemples caractéristiques.

Il existe différents types d'espèces myrmécophiles; les symphiles sont choyés par leurs hôtes ; les synoeques, plus fréquents, sont tolérés ; enfin, les synechtres, les plus nombreux, sont repoussés par les Fourmis. La majorité de ces Staphylinidés myrmécophiles appartient à la sous-famille des Aleocharinés. Les synechtres dévorent les œufs, larves et nymphes des Fourmis et repoussent les attaques de ces dernières en exsudant, sur différentes parties de l'abdomen, des sécrétions à l'odeur tenace. Les synoeques se nourrissent de toutes sortes de déchets qu'ils trouvent dans les fourmilières sans déclencher de réactions d'animosité de la part de leurs hôtes. Enfin, les symphiles sont alimentés par les Fourmis ; en échange de cette hospitalité, les Coléoptères sécrètent pour elles, grâce à des glandes spécialisées, une substance qu'elles affectionnent particulièrement.

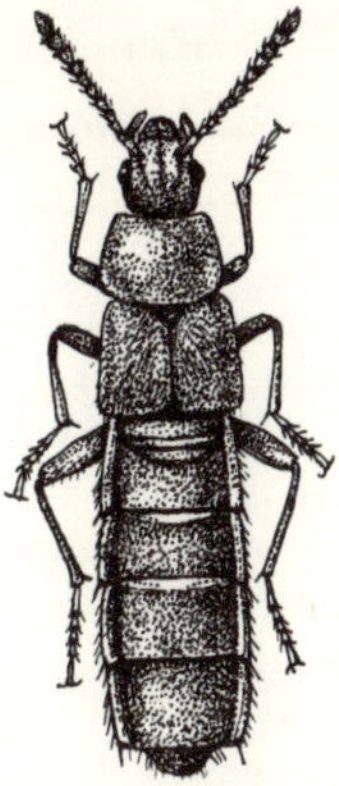

3

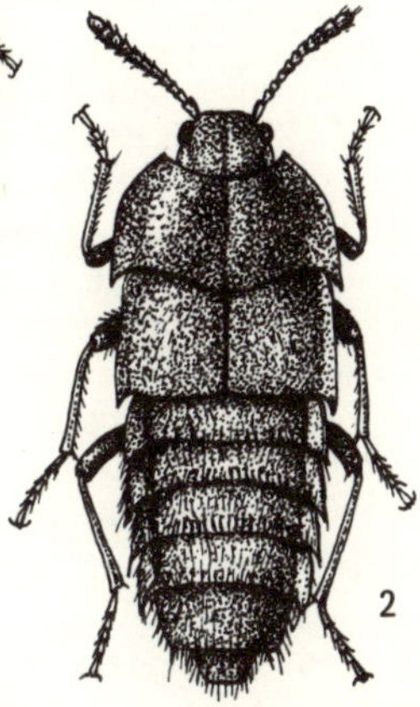

2

Cerf-volant
Lucanus cervus LINNÉ, 1758

Lucanidés
Lucanidae

Le Cerf-volant est le plus grand et probablement le plus connu des Coléoptères d'Europe. Les mâles peuvent atteindre 75 mm de long. Il vit du sud de ce continent jusqu'au sud de la Scandinavie, où on le trouve dans les forêts de caducs, sur les vieux arbres en décomposition. En effet, c'est là que la femelle déposera ses œufs à la fin du printemps et au début de l'été, afin que les larves puissent se développer sur le bois pourri des arbres et des souches. Le Cerf-volant affectionne plus particulièrement le bois de Chêne, mais il peut également se développer sur d'autres feuillus tels les Hêtres, Érables, Saules et Ormes. Le cycle de développement dure 5 à 8 ans et se déroule dans le système racinaire des arbres. À l'issue de trois stades larvaires, la larve se nymphose dans un grand cocon construit avec du bois vermoulu. L'imago apparaît à la fin de l'été mais passe l'hiver dans le cocon. La saison des amours a lieu au printemps (le plus souvent en mai). Elle est prétexte à des duels symboliques dont l'enjeu consiste, pour le mâle vainqueur, à chasser ses adversaires, rarement blessés, de sa branche ou de son arbre. Les Cerfs-volants affectionnent la sève fermentée qui s'écoule des arbres blessés. Lorsqu'il fait bon le soir, des essaims entiers d'Insectes se rassemblent sur les arbres et s'intoxiquent littéralement à la sève.

Au sud-est de l'Europe, on rencontre un autre Lucane, *Lucanus turcicus,* que l'on identifie grâce au dernier article des antennes qui porte six lamelles.

1

La larve du Cerf-volant est un ver typique (1) au corps incurvé en forme de C. Elle est assez inactive. S'il existe une trop forte concentration de larves sur la même souche ou le même arbre, elles deviennent cannibales et se dévorent entre elles.

Le dimorphisme sexuel porte non seulement sur le développement exagéré des mandibules chez le mâle, mais aussi sur la forme de la tête et du pronotum. De plus, les mâles sont polymorphes : ils présentent une grande variété de taille, de longueur et de puissance des mandibules, ainsi que de proportion de la tête. Dans une même zone, on peut trouver de grands mâles pourvus de mandibules démesurément longues (2) et des mâles de petite taille dont les

3

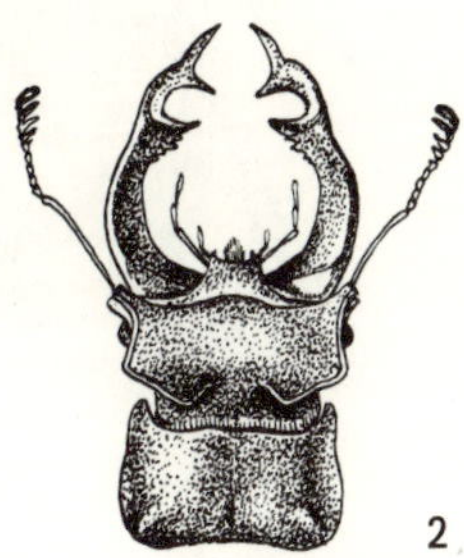

2

mandibules ne sont que faiblement allongées (3). Ce polymorphisme est dû au régime alimentaire de la larve. Si le bois pourri dont elle se nourrit est trop sec ou dans un état de décomposition trop avancé, l'imago, dit mineur, est beaucoup plus petit et moins résistant que les individus normaux.

Sinodendron cylindrique Lucanidés
Sinodendron cylindricum (LINNÉ, 1758) *Lucanidae*

Il peuple les vastes forêts d'Europe, au pied et dans les montagnes, et sert d'indicateur du biotope car il est lié aux premières générations de Hêtres et ne fréquente que rarement les secondes générations. Le dimorphisme sexuel est très marqué chez ce Coléoptère de 12 à 16 mm de long, au corps cylindrique. Ainsi, le mâle présente sur la tête une haute corne recourbée non acérée, hérissée sur le côté de poils roux. La partie antérieure du pronotum est profondément excavée et surplombée de dents et de lamelles aplaties. La femelle, elle, ne porte pas d'excroissance sur la tête et la dépression du pronotum, moins profonde, n'est bordée que de lamelles. Comme tous les Lucanes, cette espèce a un vol lent et lourd. Ces petits Insectes malhabiles apparaissent très tôt au printemps, pour la saison des amours. La femelle pond également les œufs au printemps dans les fissures et les crevasses des troncs et des grosses branches des vieux Hêtres morts. La larve creuse des tunnels particuliers remplis de particules grossières de bois pourri. Elle traverse trois stades larvaires, et son développement dure trois ans, parfois plus lorsque les conditions sont défavorables (quand le substrat se dessèche de façon excessive). La nymphose se déroule en été dans une loge nymphale enterrée non loin de la surface du sol. L'imago apparaît vers la fin de l'été mais ne quitte pas la cellule nymphale dans laquelle il hiverne.

1

Les Lucanidés vivent principalement dans les régions tropicales, habitat de centaines d'autres espèces. La région orientale est particulièrement riche en espèces variées et étranges. On ne connaît que dix espèces européennes. L'une d'elles, *Aesalus scarabaeoides* (1), ne ressemble même pas à un Lucanidé. Le dimorphisme sexuel est peu marqué: mâle et femelle sont tous deux roux et de petite taille. La larve habite le bois rougeâtre en décomposition des vieux arbres et souches de Chênes. On le trouve partout en Europe, dans les régions chaudes.

Aphodius distinctus (Müller, 1776)

C'est un des Coléoptères les plus communs du genre Aphodius en Europe, et c'est aussi l'un des plus représentés parmi les coprophages. Petit, il mesure 4 à 5 mm de long et ses élytres jaunes sont ornés de taches variées constituées de minuscules points noirs. Il peuple toute l'Europe, l'Asie Mineure et les États-Unis, où on le trouve des plaines jusqu'à des altitudes assez élevées en montagne, dans les prés, les steppes, les pâturages et les zones cultivées. Il se nourrit des excréments des Mammifères herbivores mais marque une nette préférence pour le crottin de Cheval. Les œufs sont pondus sur les excréments au tout début du printemps. La larve vermiforme traverse trois stades larvaires et, lorsque les conditions météorologiques sont favorables, deux générations peuvent naître successivement au printemps et à l'été. Les larves vivent directement dans les excréments et ne reçoivent pas de soins des parents. Les adultes de la seconde génération hivernent dans le sol sous de gros tas d'excréments. *A. distinctus* ainsi que *A. fimetarius,* autre espèce largement représentée ayant les élytres entièrement rouges, jouent un rôle très important dans la nature car, du fait de leur grand nombre, elles contribuent à la disparition des excréments. De plus, elles constituent une importante source de nourriture pour les Oiseaux des prés. Par contre, *A. distinctus* est un des hôtes intermédiaires les plus communs de différents Helminthes qui parasitent le bétail, notamment les Cestodes dans le cas des bovins et les Acanthocéphales chez les porcins.

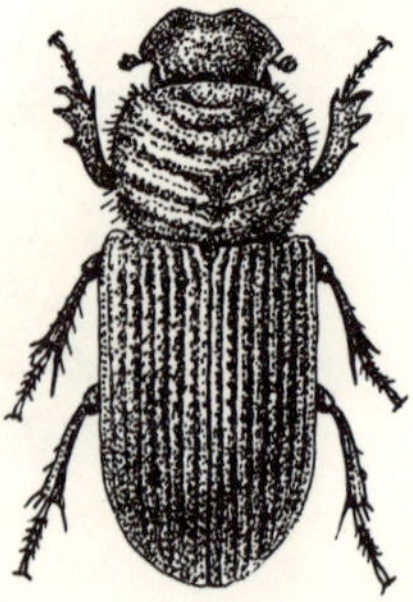

1

2

Il existe environ 80 espèces d'*Aphodius* en Europe, dont certaines ne vivent absolument pas dans les excréments. Leurs larves se développent dans les matières végétales en décomposition, sur les feuilles pourries et d'autres matières similaires. Des espèces apparentées aux *Aphodius* vivent sur les sols sablonneux dans les végétaux décomposés. Leurs pattes sont donc adaptées pour fouir et portent des sculptures variées. Citons par exemple *Rhyssemus germanus* (1), *Psammodius sulcicollis* (2), *Oxyomus silvestris* (3) et *Psammophorus sabuleti* (4). Un cas de parasitisme par une espèce d'*Aphodius* trouvée dans le rectum d'enfants en Inde a récemment été révélé. Il demeure peu probable que

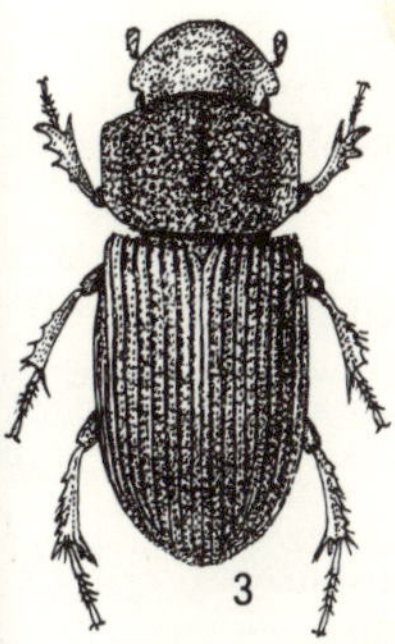

3

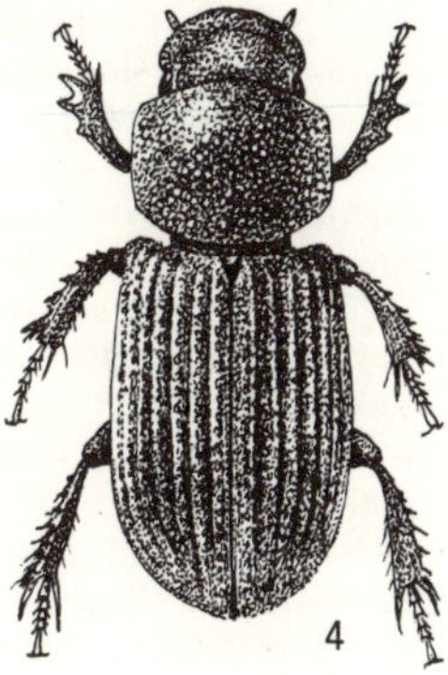

4

cet exemple soit un cas de véritable parasitisme car on trouve plus communément cet Insecte à l'état libre dans les excréments des Mammifères herbivores. En fait, il semblerait que le Coléoptère soit entré dans le rectum des enfants alors que ceux-ci jouaient sur le sol, dans des conditions d'hygiène douteuse.

Scarabée sacré
Scarabaeus sacer LINNÉ, 1758

Scarabéidés
Scarabaeidae

Ce Scarabée était déjà connu dans l'Égypte ancienne et considéré comme sacré, comme l'attestent de nombreuses découvertes archéologiques. *Scarabaeus sacer* (25 à 35 mm de long) habite l'ensemble de la région méditerranéenne, ainsi qu'en Europe et en Asie centrales. Il peuple les steppes, les steppes arborées et les régions semi-désertiques, là où vivent de fortes populations de grands Mammifères herbivores, dont il mangera les excréments. Parce qu'il vit dans des régions où la nourriture se dessèche très rapidement, il forme, avec les excréments, des pelotes de quelques centimètres de diamètre qu'il transporte dans une cachette. Là, les pelotes seront stockées en sécurité et il pourra commencer à les consommer. Pour former puis pousser ces pelotes dans leur cachette, il se dresse sur les pattes avant, la tête baissée, et utilise ses pattes arrière. Ces pelotes sont parfaitement sphériques, alors que celles dans lesquelles sont pondus les œufs ont une apparence piriforme. C'est la femelle qui leur donne cette forme en les pétrissant, lorsqu'elle se trouve en sécurité dans le sol, à l'intérieur d'une « pouponnière » où les larves se développeront entièrement, traversant trois stades larvaires. Les parois de la pelote de nourriture en forme de poire sont consolidées avec de la terre ou des sécrétions. Il reste donc une structure creuse ayant la même forme lorsque tous les aliments sont consommés. Elle est en partie remplie des fèces de la larve, et la larve s'y nymphosera. *S. sacer* a un odorat très développé et peut repérer les excréments à des distances considérables. Dans les régions semi-désertiques, il n'est pas rare que des troupeaux de Chèvres, Moutons ou Chameaux en marche soient suivis d'un nuage de Scarabées se regroupant immédiatement sur la moindre déjection fraîche abandonnée par les animaux sur leur passage.

1

D'autres espèces de Scarabéidés coprophages vivent également en Europe, notamment quelque 40 espèces du genre *Onthophagus*. Les mâles portent généralement un nombre pair ou impair de cornes et d'excroissances de forme variée. Ces espèces se caractérisent par les soins parentaux sophistiqués qu'elles donnent à leur progéniture. Ainsi, la femelle d'*O. nuchicornis* (1), souvent assistée du mâle, creuse, à proximité d'un tas d'excréments, une galerie de plusieurs centimètres de long possédant un ou plusieurs tunnels secondaires simples ou ramifiés (2). À l'extrémité de chaque tunnel, la femelle construit une couveuse en forme de tonneau (3) remplie d'excréments où la larve « bossue » (4) se développera. Ce type de larve est caractéristique de la sous-famille des Coprinés.

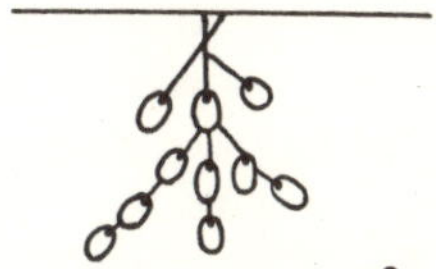

2

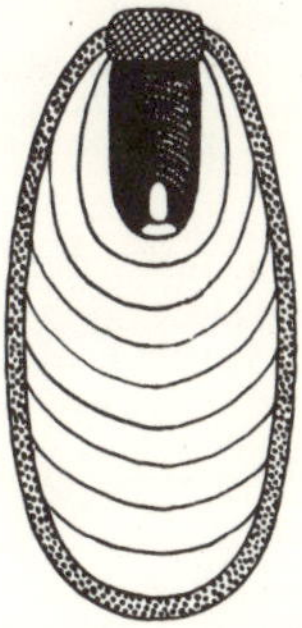

3

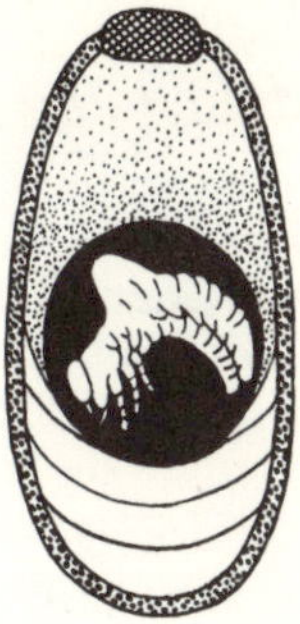

4

Hanneton commun Scarabéidés
Melolontha melolontha (LINNÉ, 1758) *Scarabaeidae*

Jusqu'à ces dernières années, le Hanneton commun était un fléau extrêmement redouté en agriculture. Il peut atteindre 30 mm de long et habite quasiment toute l'Europe, à l'exception de la péninsule ibérique et du nord de la Scandinavie. L'adulte s'attaque à de nombreuses essences de feuillus, et lorsque la population de Hannetons atteint un seuil limite, elle peut provoquer une défoliation complète des arbres. Au printemps, la femelle (que l'on distingue du mâle par les lamelles beaucoup plus courtes des derniers articles antennaires) dépose des paquets de 15 à 30 œufs dans le sol à une profondeur de 10 à 30 cm. Ces œufs sont jaunes ou blanc-crème et mesurent environ 3 mm de long. Les larves, qui éclosent peu de temps après (la Fig. 1 montre la larve de *M. hippocastani*), dévorent les racines des cultures céréalières et légumières et s'attaquent même aux vignobles d'Europe méridionale. Dans des conditions idéales, les larves hivernent pendant deux saisons et le troisième stade larvaire se nymphose en août. L'imago apparaît à la fin de l'été mais hiverne dans la cellule nymphale, et au mois de mai suivant, les adultes sortent par myriades. Lorsque les conditions sont défavorables ou dans les régions du nord de l'Europe, le cycle de développement peut durer 4 à 5 ans. À l'inverse, dans des conditions idéales, le développement est tellement bien synchronisé que les Hannetons apparaissent massivement tous les trois ans. De telles années sont appelées « années à Hannetons ».

1

Déjà, les écrits d'Aristote et de Pline, ainsi que de nombreux récits du Moyen-Âge attestaient des défoliations causées par les adultes et des dégâts dus aux larves appelées « Vers blancs ». Cependant, dans les années 50 et 60, les efforts se sont organisés pour combattre ce nuisible au moyen de produits chimiques, à base de DDT et HCH notamment. Depuis, les années à Hannetons ont disparu et on ne rencontre pratiquement plus de Hannetons communs en Europe. Malheureusement, l'épandage de produits chimiques a détruit également la biocénose d'autres Insectes ainsi que celle de nombreux Oiseaux et

Mammifères insectivores. En Europe centrale et méridionale, il existe trois espèces de Hannetons que l'on distingue par la forme du dernier segment abdominal ou pygidium. Ceux-ci sont le Hanneton commun (*Melolontha melolontha* — 2), l'espèce plus rarement visible, *M. hippocastani* (3), et la moins abondante des trois, *M. pectoralis* (4).

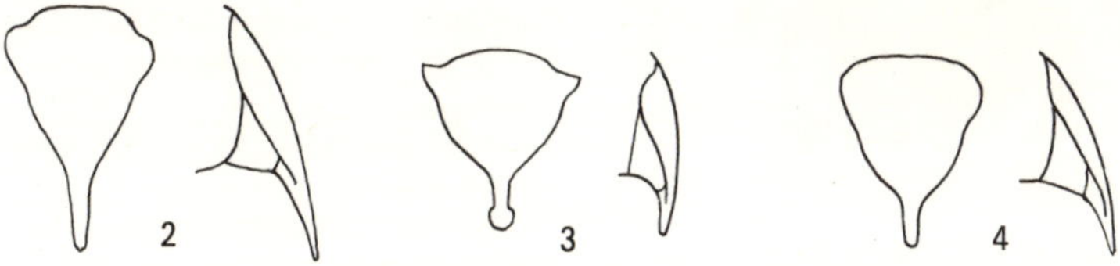

Hanneton foulon

Polyphylla fullo (LINNÉ, 1758)

Scarabéidés

Scarabaeidae

C'est le plus grand des Hannetons d'Europe appartenant à la sous-famille des Melolonthinés. Robuste, il mesure 25 à 35 mm de long et a les élytres joliment ornés de marbrures noires et brunes. Le mâle se distingue très aisément de la femelle par les larges éventails courbes des antennes, formés de 7 feuillets. L'habitat de ce Hanneton couvre l'ensemble de l'Europe centrale et méridionale et s'étend jusqu'en Scandinavie et en Ukraine. On le trouve dans les plaines et au pied des montagnes, uniquement dans les sols sablonneux où la femelle dépose 25 à 40 œufs, le plus souvent à la lisière des pinèdes ou des vignobles. La ponte a lieu de juin à août; le développement de l'œuf dure environ 4 semaines, et celui des larves comprend trois stades larvaires. Le premier hiberne et ne mue qu'au printemps ou à l'été suivant, puis les larves du deuxième et du troisième stade larvaire hibernent respectivement la seconde et la troisième année. Cependant, le dernier stade larvaire peut hiverner une seconde fois avant d'entrer en nymphose. Le développement larvaire se déroule donc en 3 ou 4 ans. La larve mange les racines d'herbacées et surtout de jeunes Pins. C'est donc un ravageur des pépinières sylvicoles et des vignobles plantés sur des sols sablonneux. La nymphose se déroule en 3 semaines environ et les adultes apparaissent souvent en grand nombre à la fin de juin ou plus fréquemment en juillet. Ils ont des mœurs crépusculaires et ne sortent en vol qu'après le coucher du soleil, souvent jusque tard dans la nuit. Ils sont également attirés par la lumière et pullulent souvent autour des sources lumineuses puissantes.

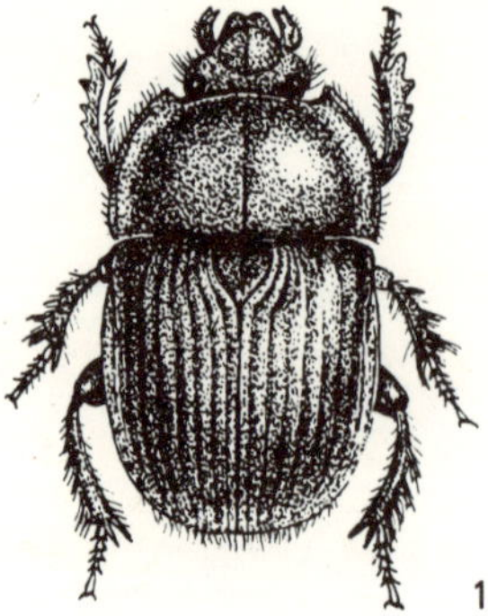

1

Certains membres de la sous-famille des Géotrupinés sont généralement coprophages et prodiguent à leurs petits des soins très élaborés. Ainsi, *Geotrupes stercorarius* (1) vit dans les bois. La femelle creuse dans le sol, sous des excréments, un puits vertical pouvant atteindre 40 cm de long et comportant des puits secondaires. Elle remplit ces derniers d'excréments puis y pond les œufs. La larve (2) est typiquement vermiforme, mais à la différence des larves des vrais Scarabéidés de la sous-famille des Scarabéinés, elle ne porte pas de « bosse » sur la partie dorsale du thorax. Les larves se développent en une année et l'adulte doit hiverner encore un an avant de devenir reproducteur. Les larves d'un autre Scarabéidé végétarien, *Lethrus apterus* (3), mangent les feuilles de vignes que les parents leur apportent dans la « pouponnière ».

2

3♂

Hanneton des jardins | Scarabéidés

Phyllopertha horticola (LINNÉ, 1758) | *Scarabaeidae*

Il joue lui aussi un rôle économique important. Long d'environ 10 mm, cet Insecte vit en Europe et Asie centrales, et plus à l'est en Sibérie et en Mongolie, jusqu'au Pacifique. Les adultes apparaissent en grand nombre de mai à juillet (d'autant plus tardivement qu'ils vivent à des altitudes élevées). Dans certaines régions d'Europe centrale, l'espèce peuple même les zones au-dessus de la limite des forêts. Les adultes se nourrissent principalement des fleurs et des fruits des arbres fruitiers et des Rosiers ainsi que du feuillage d'innombrables essences de feuillus. De juin à juillet, la femelle pond 15 à 30 œufs dans le sol à 5—20 cm de profondeur. Environ trois semaines plus tard, les larves éclosent et s'attaquent aux racines des cultures, celles de céréales le plus souvent. On distingue trois stades larvaires. Le développement complet se déroule entre 1 et 3 ans, le plus souvent deux années en Europe. Comme la larve de Hanneton commun, celle du Hanneton des jardins migre vers la surface du sol au cours de l'année. Cette migration varie en fonction des précipitations et de l'époque de l'année. Ainsi en été, lorsque les précipitations sont importantes, la larve reste à 5—10 cm de la surface, alors qu'en période sèche ou bien lorsqu'elle hiberne, elle descend à 30 cm de profondeur. Des produits chimiques à base de DDT et de HCH ont été utilisés pour combattre cette espèce, mais à moins grande échelle et avec un moindre succès que dans le cas du Hanneton commun.

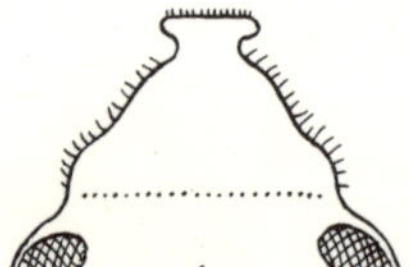

1

2

Au Japon et en Extrême-Orient, il existe plusieurs genres, dont le genre *Popilia* bien représenté, apparentés au Hanneton des jardins et parmi lesquels on compte également de sérieux nuisibles des cultures. En Europe, ce sont principalement les genres *Anisoplia* et *Anomala*. Le premier se reconnaît à son clypéus en forme de museau (1).

3

A. segetum (2) est une espèce largement répandue en Europe méridionale où elle cause des dégâts dans les céréales. Ses larves se développent dans les sols sablonneux. Plusieurs autres espèces vivant en Europe centrale et méridionale appartiennent au genre *Anomala*. Ce sont des Coléoptères charnus, robustes, au corps fortement bombé, souvent orné de couleurs métalliques vives. *A. dubia* (3) a le même type de développement que le Hanneton des jardins, mais du fait de sa rareté, il n'est pas considéré comme un ravageur des cultures.

Rhinocéros Scarabéidés

Oryctes nasicornis (LINNÉ, 1758) *Scarabaeidae*

C'est un des plus grands Coléoptères d'Europe car il mesure 30 à 40 mm de long. Il a le corps brun-châtain, brillant, et habite en Europe, dans le nord de l'Afrique et une grande partie de l'Asie centrale. On le trouve dans les plaines et les régions chaudes situées au pied des montagnes où il peuple les steppes arborées et les forêts de Chênes. On le rencontre également dans les grands parcs à l'intérieur des villes, mais tout de même plus rarement car cette espèce crépusculaire n'est active qu'après le coucher du soleil. Les œufs ovales sont jaunâtres et peuvent atteindre 5 mm de long. La femelle les dépose dans le bois pourri des souches d'arbres, des vieilles essences de feuillus, des racines mortes, ou bien dans les composts, les serres et vieux tas de sciure. La larve, la plus grande de toutes les larves de Coléoptères d'Europe, traverse trois stades larvaires. En fin de développement, elle mesure jusqu'à 12 cm de long; d'un blanc fade, le corps est recourbé en forme de C (larve vermiforme) et la tête est noire, fortement sclérifiée (recouverte de chitine). Le développement se déroule en 3 à 5 ans. La nymphose a lieu dans un cocon de la taille d'un œuf de Poule ou de Canard, construit avec de la terre, des morceaux de bois ou de la sciure. L'imago hiverne dans ce cocon et n'en sort qu'à la fin du printemps suivant. De nos jours, on rencontre surtout cet Insecte dans les grandes scieries possédant encore de vieux tas de sciure et de morceaux d'écorce. L'utilisation accrue d'engrais chimiques et d'aérosols explique sa disparition progressive des tas de composts des centres horticoles où il abondait autrefois.

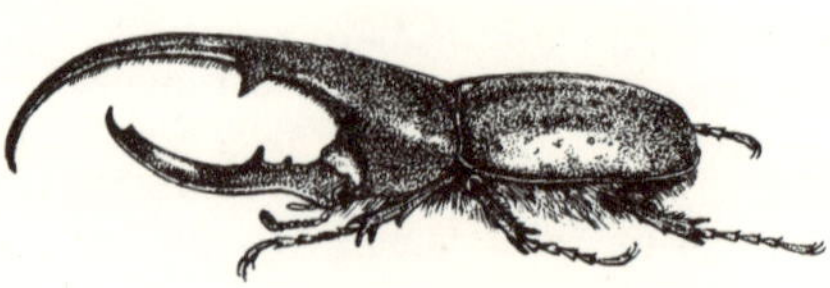

2 ♂

La majorité des espèces de la sous-famille des Dynastinés, à laquelle appartient le Rhinocéros, présente un dimorphisme sexuel marqué. La tête du mâle est surmontée d'une corne recourbée et son pronotum excavé est bordé de deux lobes proéminents. Chez les espèces tropicales de cette sous-famille, l'apparence du mâle est encore plus étonnante, comme par exemple chez *Allomyra dichotomus* (1), qui vit en Extrême-Orient et en Chine. Un des plus grands Coléoptères du

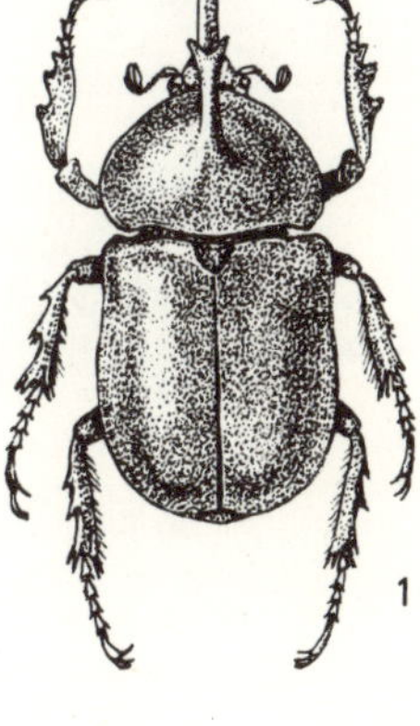

1 ♂

monde, *Dynastes hercules* (2), mesure jusqu'à 15 cm de long et vit aux Antilles et dans le nord de l'Amérique du Sud. Il porte sur le pronotum une longue corne plus longue que la tête, pointée vers l'avant. Sa face ventrale est ornée d'une rangée de poils denses et roux.

Cétoine dorée ou **Hanneton des roses** Scarabéidés
Cetonia aurata (Linné, 1758) *Scarabaeidae*

La Cétoine dorée mesure 15 à 20 mm de long. Elle est de couleur jaune doré et parfois vert-mauve en Europe méridionale. Son habitat s'étend à toute l'Europe, jusqu'à l'Asie centrale à l'est, et on la rencontre dans les plaines jusque dans les régions montagneuses relativement élevées. La larve se développe dans le bois pourri des souches d'arbres et dans les vieux arbres creux. Elle vit également dans les tas de composts et les châssis. Son développement se décompose en trois stades larvaires et dure 1 à 2 ans. Avant la nymphose, la larve exsude par l'anus une substance spongieuse qu'elle répand à l'aide de ses mandibules et de ses maxilles sur les morceaux de terre et de bois qui se trouvent à proximité. En se tortillant et en effectuant des mouvements de rotation, elle tasse cette matière et la cimente à nouveau, jusqu'à construire un cocon de 25 mm de long, parfaitement lisse à l'intérieur, dans lequel la larve se nymphosera. Les adultes aiment le soleil et la chaleur. Aux heures les plus chaudes de la journée, ils volent rapidement, se reposent çà et là sur les fleurs, principalement celles de Rosiers, Sureaux, Chardons et différentes Ombellifères, ainsi que sur les arbres blessés exsudant de la sève. Lorsqu'ils se sentent menacés, ils soulèvent leurs pattes et se laissent tomber, simulant la mort (comportement de thanatose ou mort apparente).

Certaines espèces européennes de Cétoines, principalement du genre *Potosia*, se développent dans les nids de Fourmis. On trouve alors leurs larves sur le bord des grandes fourmilières où elles se nourrissent de déchets végétaux.

2

Epicometis hirta (1) est une autre espèce européenne appartenant à la sous-famille des Cetoniinés. Il se caractérise par une très forte pubescence et vit partout en Europe dans les plaines et les régions vallonnées. La larve se développe dans le sol où elle se nourrit habituellement de vieilles racines et matières végétales en décomposition. Les adultes apparaissent d'avril à juin et visitent une grande variété de fleurs, avec une prédilection marquée pour les fleurs jaunes, celles de l'Aubépine et des arbres fruitiers.

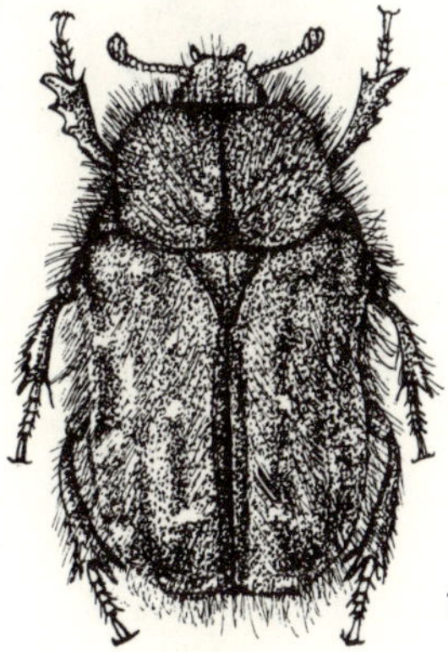

1

Autre Coléoptère étonnant et assez commun appartenant à la sous-famille des Trichiinés, *Trichius fasciatus* (2) est un habitant vivant typiquement au pied des montagnes et dans les forêts montagneuses où il aime se reposer sur les fleurs de Chardons et de Reines des prés. Sa couleur et la façon dont il s'envole des fleurs ressemblent à celles des Bourdons. La larve se développe dans le bois en décomposition des vieux arbres.

Valgus hemipterus (Linné, 1758)

Il ne mesure que 6 à 10 mm de long, a le corps fortement aplati sur la face ventrale et anguleux sur les bords. Il vit dans toute l'Europe sauf en Scandinavie, jusqu'au Caucase à l'est, et dans le nord de l'Afrique, où il peuple les plaines et les régions vallonnées chaudes. Il est un des premiers Coléoptères à apparaître sur les fleurs au printemps. L'adulte de cette espèce abondante recherche la chaleur et le soleil et vole avec agilité par temps chaud. On distingue la femelle du mâle aux dessins plus marqués qui ornent les élytres et le pronotum de ce dernier. Le pygidium de la femelle (partie supérieure du dernier segment abdominal) se termine par une longue tarière dentée — l'ovipositeur. Les œufs sont habituellement pondus en mai et début juin dans le bois mort des feuillus tels le Saule, le Peuplier et les arbres fruitiers. En général, l'écorce ou le bois superficiel des troncs et des souches est encore dure, et la femelle utilise son ovipositeur pour déposer les œufs en profondeur dans les fissures afin que les jeunes larves éclosent le plus près possible du bois en décomposition. Le développement larvaire dure un an, à l'issue duquel la nymphose se déroule, à la fin de l'été, dans une chambre située au fond d'une galerie creusée à cet effet. L'adulte apparaît l'automne de la même année mais hiverne à l'intérieur de la loge nymphale pour n'en sortir qu'au printemps suivant.

Valgus hemipterus est la seule espèce du genre *Valgus* vivant en Europe. Par contre, on trouve des dizaines d'espèces aux couleurs vives en Asie du Sud-Est, centre d'évolution de toute la sous-famille des Valginés.

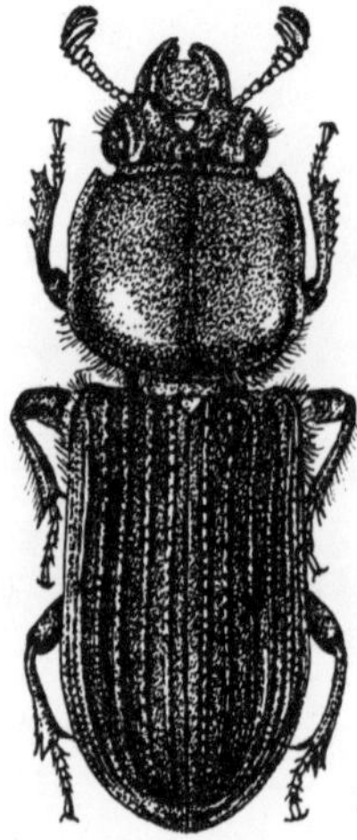
2

Les membres du genre *Trox* de la sous-famille des Troginés présentent un grand intérêt du point de vue de la spécialisation de leur régime alimentaire. En effet, celui-ci est constitué de cadavres desséchés, ou de restes de plumes et de poils que l'Insecte trouve dans les nids d'Oiseaux et de petits Mammifères. L'espèce européenne la plus commune est *T. sabulosus* (1).

La famille des Passalidés, voisine des Scarabéidés, se rencontre principalement dans les régions tropicales, mais certaines espèces habitent jusque dans la

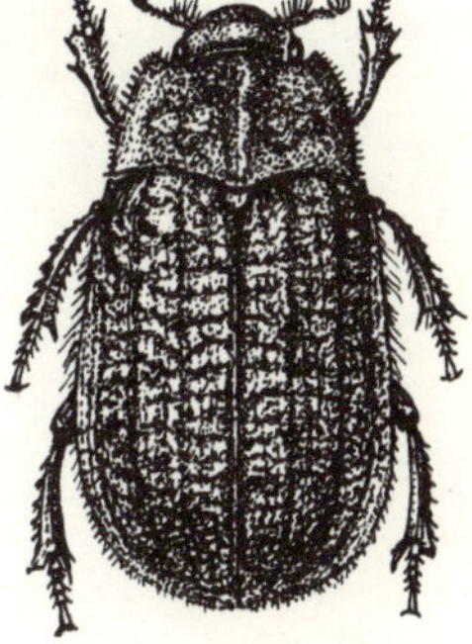

1

région holarctique. *Passalus interstitialis* (2) est originaire de Cuba. La femelle veille sur les œufs et les larves vivant dans le bois en décomposition jusqu'à la nymphose, repoussant même les individus de sa propre espèce. Les pattes postérieures de la larve forment un organe stridulant capable de produire un son aigu.

Byrrhe commun
Byrrhus pillula (LINNÉ, 1758)

Le Byrrhe commun est un Insecte au corps ovale, fortement bombé, mesurant 6,5 à 9,5 mm de long. Il peuple quasiment toute l'Europe, et vit dans les bois peu touffus et aérés des plaines et des montagnes. On le rencontre le plus souvent dans les clairières, les prairies boisées et en lisière de forêts. Il se déplace très lentement et, comme tous les Byrrhidés, est incapable de voler (les ailes sont atrophiées et les élytres soudés). Dès qu'un danger menace, il replie ses tarses dans des fentes spéciales ouvertes dans les tibias, et ceux-ci dans des échancrures ménagées sous le corps. De même les antennes se rétractent dans des creux sous le prothorax et l'Insecte fait le mort (thanatose). Il ressemble alors à un caillou ou à une crotte de Chèvre et peut rester dans cette position pendant un temps relativement long. Tout ce dispositif, y compris sa couleur sombre mimétique, lui permet de se fondre dans la nature et de disparaître littéralement de la vue de ses ennemis. Les adultes sont végétariens et se nourrissent probablement de mousse, d'algues et de lichen. La larve (1) est vermiforme mais fortement sclérifiée (recouverte de chitine), avec le prothorax et le dernier segment abdominal beaucoup plus longs, ce dernier portant deux appendices dont la larve se sert pour se mouvoir ou s'accrocher solidement à l'intérieur de sa galerie. Les pattes sont relativement courtes. La larve vit dans les couches superficielles du sol, sous les pierres et les coussins de mousse. Elle est probablement végétarienne. La nymphose se déroule dans le sol en automne et l'adulte hiverne dans la loge nymphale d'où il sort très tôt au printemps suivant.

Certains membres de la famille des Byrrhidés, appartenant au genre *Simplocaria*, vivent uniquement au-dessus de la limite des forêts, dans les prairies montagneuses. Ils ont habituellement le corps paré d'une jolie couleur vert-doré métallique. Parce qu'ils vivent dans des endroits isolés et sont incapables de voler, ils constituent des espèces endémiques dans les habitats de montagne assez vastes.

1

2

La famille très proche des Nosodendridés est représentée en Europe par une seule espèce, *Nosodendron fasciculare* (2). Il ressemble beaucoup aux Byrrhidés du genre *Byrrhus*, mais ne peut, en cas de danger, rétracter ses pattes et antennes à l'intérieur d'échancrures spéciales, et ses élytres sont couverts de touffes de poils roux. On le trouve dans les vieux arbres qui exsudent de la sève en permanence, et dans laquelle il s'enfouit et disparaît complètement. La larve, qui a le même mode de vie que l'adulte, ressemble à un trilobite miniature.

Elmis aenea MÜLLER, 1806

Elmis aenea mesure environ 2 mm de long. C'est un Coléoptère de couleur sombre qui présente des structures très visibles sur les élytres et le pronotum. Il peuple l'Europe centrale et septentrionale, où son habitat s'étend des eaux limpides des ruisseaux de montagnes à celles des torrents. On le trouve habituellement sous les pierres et sur la végétation aquatique à laquelle il s'accroche, dans le faible courant, à l'aide de ses longues griffes. Ces Insectes ne nagent pas mais se hissent lentement sur les supports submergés. La famille des Elmidés se caractérise par une respiration au niveau du plastron. En effet, la face ventrale de l'abdomen est recouverte d'un manteau de poils hygroscopiques denses et épais, qui retiennent l'air en permanence sous forme d'un film, et où la concentration en oxygène est renouvelée par contact permanent avec l'eau. Les stigmates reliés aux trachées débouchent sur cette couverture de poils où se trouve emmagasiné l'air. À l'instar des autres membres de la famille, *E. aenea* est une espèce végétarienne. La femelle accroche les œufs à la végétation aquatique, aux pierres et autres supports situés sous l'eau. La larve (1) a un tégument fortement chitinisé, un corps aplati et rappelle certains petits Crustacés (larve de type onisciforme, qui a l'aspect d'un cloporte). Le dernier segment abdominal porte trois branchies anales saillantes et ramifiées. La nymphose se déroule à la surface du sol, dans un environnement très humide.

Beaucoup d'espèces d'Elmidés sont menacées par la pollution des eaux. Elles y sont extrêmement sensibles et la moindre variation de l'acidité de l'eau peut perturber l'ensemble de leur développement.

2

3

1

La famille des Héloidés est très voisine de celle des Elmidés. Un de ses membres les plus communs en Europe est *Microcara testacea* (2). Il mesure environ 4 à 6 mm de long, a le corps recouvert d'une pilosité fine et dense, et vit en très grand nombre dans les prés humides et le voisinage des marais et des landes de Bruyère. C'est une espèce végétarienne. On distingue aisément sa larve (3) des larves d'autres Coléoptères grâce aux nombreux articles des antennes. Elle respire par des branchies anales saillantes, traverse cinq stades larvaires, et se nourrit de déchets. On peut parfois l'observer rampant juste sous la surface des eaux stagnantes.

Buprestis octoguttata LINNÉ, 1758

C'est le plus joli et le plus étonnant Buprestidé d'Europe. Il mesure 9 à 18 mm de long et vit de la Scandinavie au Caucase, de l'Espagne à toute l'Europe et l'ouest de la Scandinavie, jusque dans les Monts Altaï. Il peuple également toutes les îles de la Méditerranée, l'Algérie et le Maroc. Sa couleur varie énormément. Les taches jaunes sur les élytres, le pronotum et le dessous du corps peuvent fusionner, s'agrandir ou faire défaut, si bien qu'il est difficile de trouver deux spécimens identiques. La larve de ce Buprestidé se développe sur différentes essences de Pins, le plus souvent *Pinus silvestris* et *P. halepensis*. On la trouve dans les jeunes pousses des arbres âgés de 6 à 7 ans, dans les troncs et les grosses branches des vieux arbres, dans les souches fraîchement coupées et même fréquemment dans les grosses racines en partie découvertes. Le développement larvaire dure 2 à 4 ans. La nymphose se déroule habituellement en juin dans une loge nymphale peu profonde construite dans le bois, et dure 3 à 4 semaines. L'adulte apparaît de juin à août sur les jeunes pousses de Pins dont il se nourrit, ou bien sur les troncs exposés au soleil, les bûches fraîchement coupées ou les souches. *Buprestis octoguttata* peut parfois causer des dégâts sur les jeunes pousses de Pins, mais il n'est généralement pas suffisamment abondant pour qu'on puisse le considérer comme un véritable nuisible des forêts.

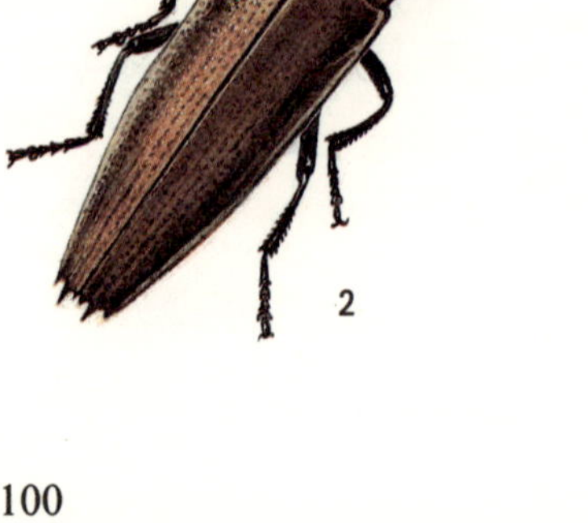

2

Blanchâtres, très rarement jaunes ou vert-jaune, les larves de Buprestidés se développent toutes dans le bois et l'écorce hormis de rares exceptions. Elles se caractérisent par un prothorax très large, masquant presque toute la tête, et par un abdomen cylindrique (1). La face ventrale du prothorax est ornée d'un sillon longitudinal chitinisé, et la face dorsale d'un double sillon en forme de V ou d'Y renversés. Lorsqu'elles se trouvent dans leur terrier, les larves ont toujours un aspect incurvé, en forme de U.

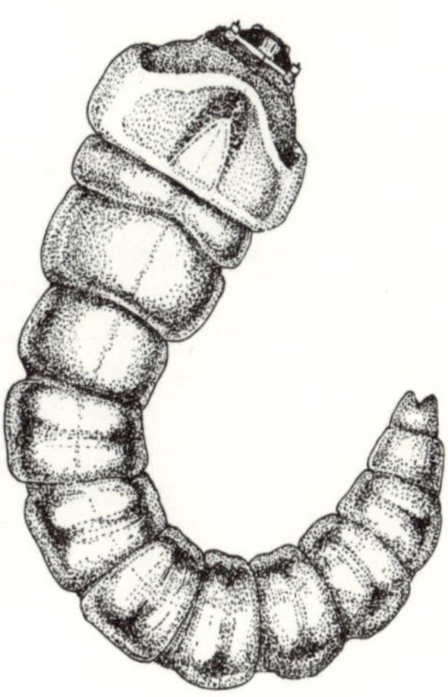

1

Les Buprestidés comptent également de sérieux nuisibles. Ceux qui causent le plus de dégâts appartiennent au genre *Sphenoptera,* tel *S. gossypii* (2) qui s'attaque aux plantations de Coton en Afrique et en Asie tropicale.

Julodis variolaris (Pallas, 1773)

En Asie centrale et dans les régions les plus à l'est de l'Europe, ce robuste Buprestidé, pouvant atteindre 35 mm de long, peuple les zones semi-désertiques et les steppes, les prairies sèches et les talus ensoleillés. À la différence de la majorité des larves de cette famille qui se développent à l'intérieur des tissus végétaux, celle de *Julodis variolaris* vit dans le sol où elle se nourrit des racines des Graminées, plantes et arbustes du désert. Adaptée à la vie dans le sol, elle ressemble très peu aux larves de Buprestidés, mais plutôt à celle du Longicorne *Prionus coriarius*. Le développement de *J. variolaris* dure 2 à 3 ans, puis la larve se nymphose dans le sol à l'intérieur d'un cocon solide fait de sable aggloméré avec de la salive. Les adultes font leur apparition au début du printemps, souvent en grand nombre, et visitent différentes plantes et arbustes dont ils mangent le feuillage. Les arbustes envahis ressemblent alors à de véritables arbres de Noël.

Les Buprestidés du genre *Julodis* comptent parmi les plus beaux Coléoptères. Certaines espèces peuplent les régions désertiques et semi-désertiques d'Afrique et du Moyen-Orient ainsi que l'Europe méridionale. Le nom scientifique de cette famille est composé de deux mots grecs : *bous*, qui signifie bétail, et *preto*, qui signifie « je digère ». Récemment encore, on pensait que ce Coléoptère avait été mal identifié, que ce n'était pas un Buprestidé mais une espèce toxique de Méloïdés que le bétail absorbait en paissant. Cependant, on a découvert depuis peu que l'organisme de certains Buprestidés d'Amérique centrale et du Nord contenait un alcaloïde très puissant. Il est donc possible que l'empoisonnement des troupeaux soit effectivement dû à des Buprestidés, probablement à des espèces du genre *Julodis*, qui abondent depuis longtemps dans les prairies de Grèce.

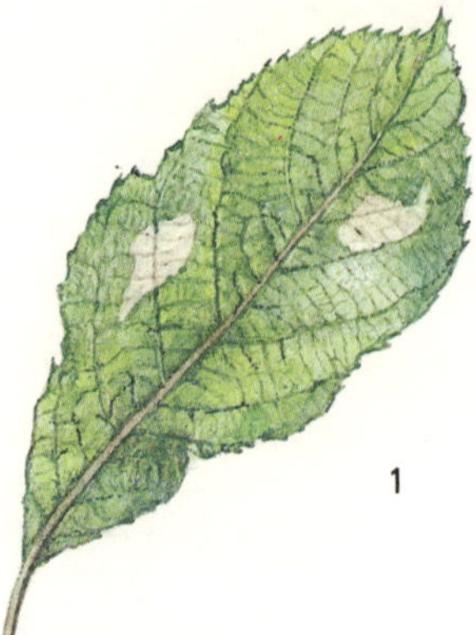

1

À première vue, les membres de la sous-famille des Trachynés ne ressemblent pas du tout aux Buprestidés. Ainsi, tel *Trachys minutus*, un des Buprestidés les plus répandus en Europe, ils sont parfois petits et ornés de couleurs peu éclatantes. *T. minutus* ne mesure que 3 à 3,5 mm de long, a une forme triangulaire et un développement différent de celui de la majorité des autres Buprestidés. La femelle dépose les œufs sur les feuilles exposées au soleil des Saules marsault, Noisetiers et Bouleaux. Là, la larve minuscule s'enfonce à l'intérieur des tissus foliaires, où elle se développera assez rapidement (5 à 6 semaines). Les mines caractéristiques creusées par la larve dans les feuilles s'appellent des hyponomes (1). À l'encontre des larves d'autres Buprestidés, celle de *T. minutus* (2) se nymphose directement à l'intérieur de la mine. L'imago sort à la fin de l'été et hiverne dans les déchets situés au pied des plantes dont il se nourrira.

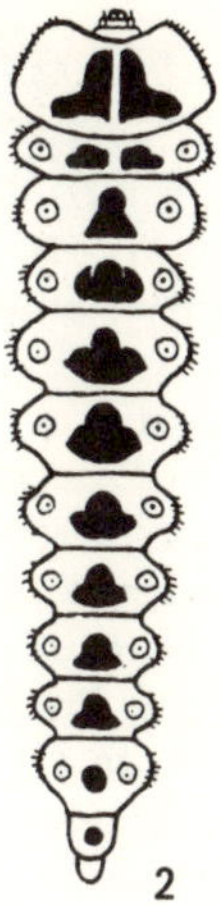

2

Anthaxia candens (PANZER, 1789)

Anthaxia candens est un Buprestidé remarquable, assez petit (7 à 12 mm de long) mais orné de très vives couleurs. C'est une espèce d'Europe centrale qui se manifeste parfois jusque dans certaines régions d'Europe occidentale. Il peuple les steppes arborées et ses larves se développent sous l'écorce des troncs et des grosses branches du Cerisier Sainte Lucie (*Prunus mahaleb*), moins fréquemment sur le Prunellier et les autres espèces de Cerisier. Le développement larvaire dure 2 à 3 ans, et la larve se nymphose vers la fin de l'été à l'intérieur d'une loge nymphale faite de bois et d'écorce. L'imago apparaît la même année mais reste à l'intérieur de la loge dans laquelle il hiverne, et dont il ne sortira qu'au mois de mai suivant en grand nombre. Les adultes sont actifs aux heures les plus chaudes de la journée et viennent se poser sur les feuilles des plantes dont ils se nourrissent. Bien que *A. candens* soit parfois assez abondant dans les vergers de Cerisiers, il ne cause pas de dégâts sérieux aux arbres car la larve ne se développe que sur les troncs et les branches blessés, malades ou en train de mourir. Cet Insecte a le corps plat et est pourvu de pièces frontales recouvrant entièrement la tête, excepté les pièces buccales. Dans son terrier, la larve adopte la forme d'un U. Elle utilise la partie incurvée de son corps pour tasser les petites particules de bois et d'excréments. Apode, elle se déplace en contractant et relâchant la partie antérieure élargie de son corps, la partie médiane incurvée servant de support. Toutes les larves du genre *Anthaxia* se caractérisent par 4 appendices sphériques situés à l'extrémité du métathorax et leur servant à s'accrocher solidement dans leur terrier.

2 ♀ 1 ♂

Les steppes arborées, broussailles, parcs et jardins sont fréquentés par *A. nitidula,* quasiment partout en Europe jusqu'au sud de la Scandinavie. Sa larve se développe sous l'écorce des branches mortes de presque tous les arbres fruitiers. Cette espèce présente un dimorphisme sexuel marqué : le mâle (1) est vert-doré métallique alors que la femelle (2) a le pronotum orange et les élytres bleu-vert métallique.

Paracylindromorphus subuliformis (3), Coléoptère commun dans toutes les steppes d'Europe méridionale, fait partie du groupe des Buprestidés résidant exclusivement dans ce type de biotope et dont les larves se développent dans les tiges de Graminées. Ces Buprestidés ont un corps allongé, cylindrique et adapté à la vie à l'intérieur des tiges de Graminées.

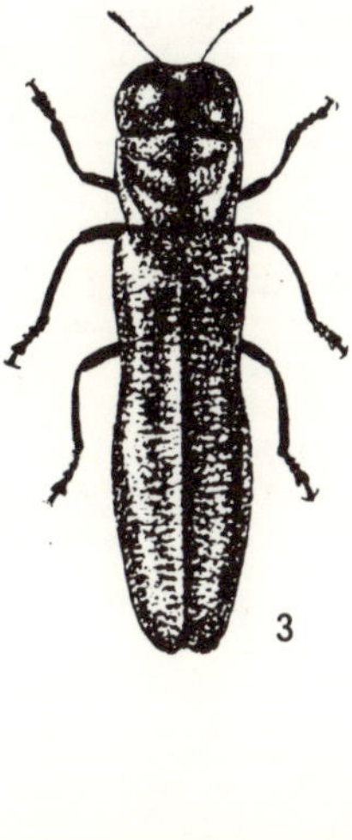

3

Ampedus sanguinolentus (Schrank, 1789)

Long de 9 à 12 mm, ce Coléoptère a une coloration rouge et noire remarquable. Il vit en Europe et en Sibérie. On le distingue habituellement des autres espèces d'*Ampedus* rouges et noires aux taches ovales noires qui ornent les élytres, taches qui font parfois défaut. *A. sanguinolentus* fréquente les forêts, des plaines jusqu'aux montagnes relativement élevées, mais affectionne particulièrement les forêts des plaines inondables où on le trouve en très grand nombre. Sa larve de couleur jaune orangé, au corps fortement chitinisé et au dernier segment abdominal en pointe, ressemble un peu au « Ver de farine » bien connu. Les larves de ce type sont appelées Vers fil-de-fer, car on peut vraiment les confondre avec un morceau de fil de fer tordu et rouillé. Les œufs sont pondus isolément dans l'écorce des vieux troncs et souches en décomposition des feuillus et parfois des conifères. La larve se développe entre le bois et l'écorce morte ou bien dans les couches superficielles du bois en décomposition. Elle est carnassière et son développement dure 2 à 3 ans. Comme chez tous les Vers fil-de-fer, le nombre de stades larvaires n'est pas constant et varie de 9 à 15 selon les régions. La nymphose se déroule en été dans une logette nymphale située près de la surface du sol et l'imago sort dès la fin de l'été. Cependant, il hiverne dans la logette et ne s'en extrait qu'au printemps suivant. Les adultes se posent sur les feuilles des espèces végétales forestières, sur les souches des vieux arbres et sur les fleurs des Ombellifères.

2

Les larves des Élatéridés (Vers fil-de-fer) sont habituellement assez uniformes, de teinte rouille ou marron, très rarement noire. Elles ont une coupe transversale circulaire et un dernier segment abdominal pointu. Cependant, les larves de certains Taupins sont très aplaties, ont une tête fortement sclérifiée (recouverte de chitine) en forme de pelle, et sont pourvues d'appendices sclérifiés complexes (les urogomphes) sur le dernier segment abdominal. Ces larves, telle celle de *Adelocera murina* (1), sont bien adaptées pour creuser dans les sols durs et lourds. Assez différentes des Vers fil-de-fer typiques, les larves du genre *Cardiophorus* (2) ont

une couleur claire, sont sveltes et très allongées. Elles ont un abdomen pseudosegmenté car celui-ci est secondairement divisé en une vingtaine de segments. Ceci procure à la larve une grande flexibilité et lui permet d'utiliser au maximum les fissures naturelles des sols sablonneux dans lesquels elle vit.

1

Ctenicera virens (Schrank, 1781)

Ce Coléoptère svelte aux couleurs vives peut mesurer jusqu'à 20 mm de long. Les élytres sont jaune-rouille, la tête et le pronotum, vert ou violet métallique. L'extrémité de chaque élytre est bordée d'un motif longitudinal de même couleur que la tête et le pronotum ; ce motif est parfois absent. Les antennes s'élargissent à partir du troisième article ; celles de la femelle sont serratiformes (en dents de scie) et celles du mâle, nettement pectinées. *C. virens* peuple l'ensemble de l'Europe centrale et septentrionale, ainsi que l'Amérique du Nord. On le trouve principalement dans les forêts, au pied et dans les montagnes, le plus souvent en lisière, dans les clairières et les prairies boisées. En Europe centrale, il se manifeste même jusqu'à la limite supérieure des forêts. La larve, de plus de 30 mm de long, est de couleur brun-foncé sur le dos et rousse sur la face ventrale. La tête, recouverte de chitine, est hérissée d'un organe épineux pointu sur le front. Les mandibules de la larve sont courtes et en forme de croissant. La larve est principalement végétarienne même s'il lui arrive de dévorer les larves ou nymphes d'autres Insectes. Les segments abdominaux vont en s'agrandissant vers l'extrémité et une ligne de couleur claire court tout le long de la face dorsale de l'abdomen. Le tégument du dernier segment abdominal est fortement chitinisé et pourvu d'urogomphes très ramifiés que la larve resserre sur le toit de son terrier en guise de support, pendant qu'elle creuse les couches superficielles du sol. L'excroissance charnue (ou pygopode), située sous le dernier segment abdominal sert également à cet effet. La larve a besoin de 3 à 4 ans pour mener à bien son développement ; elle se nymphose au printemps. L'imago apparaît au début du printemps.

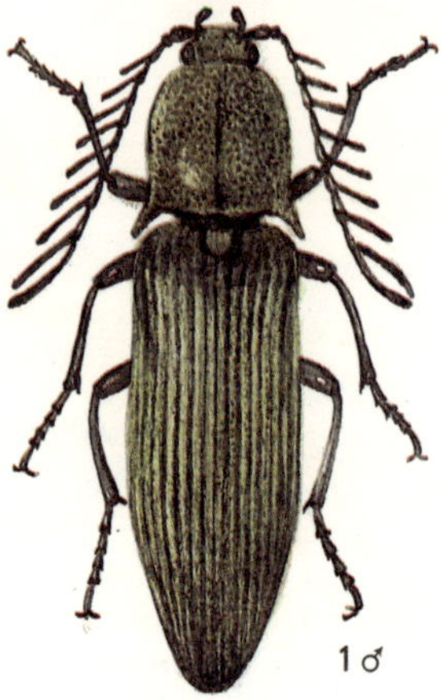

1 ♂

Le mâle de l'espèce *Ctenicera pectinicornis* (1) a les antennes nettement pectinées. En Europe centrale et septentrionale, c'est une des espèces de Taupins les plus communes des régions de montagne et de proche montagne et on peut même la rencontrer au-delà de la limite forestière, dans les prairies montagneuses.

Hormis quelques exceptions, tous les Élateridés sont capables, à partir de la position de repos, d'effectuer des sauts de plusieurs dizaines de centimètres en produisant un bruit de claquement. À l'arrière du prothorax (entre les hanches antérieures), un long appendice épineux peut se déployer vers l'arrière et

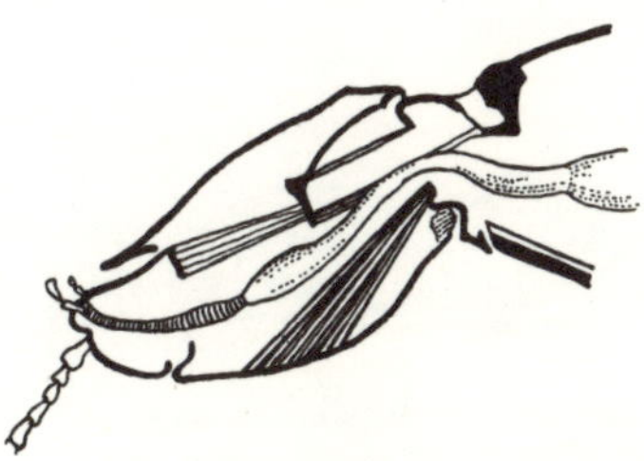

2

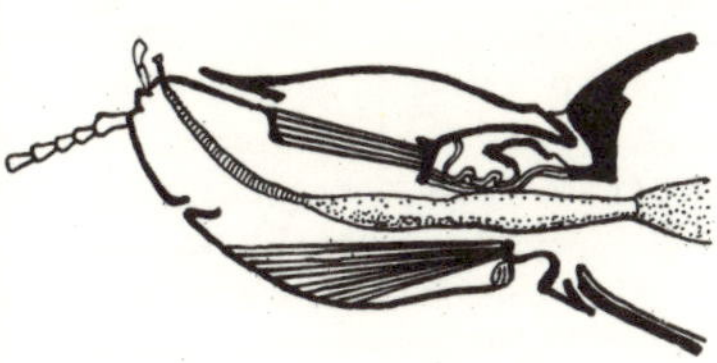

dans une position donnée, glisser dans une cavité du mésothorax (2). Après une contraction musculaire rapide, l'appendice se rétracte dans la cavité puis en ressort brusquement, projetant ainsi l'Insecte dans les airs.

Denticollis linearis (Linné, 1758)

Il appartient à un groupe de Taupins (sous-familles des Denticollinés et Diminés) qui ne possèdent pas la capacité de sauter en produisant de petits claquements. C'est un Insecte svelte, long de 9 à 13 mm, orné de sillons marqués et d'un pronotum irrégulier presque cylindrique. Généralement plus sombres que les femelles, les mâles sont aussi nettement plus petits. Ce Taupin peuple quasiment toute l'Europe, y compris la Scandinavie; la Sibérie et le Japon. Cette espèce qui vit dans les bois se rencontre dans tous les types de forêts, des régions de plaines aux hautes montagnes. Au printemps, les œufs sont déposés isolément sous l'écorce, les souches et les branches des arbres morts. La larve est un des plus grands prédateurs d'Insectes de la faune européenne. Elle se nourrit de tous types d'Insectes et de larves d'Insectes qu'elle trouve sous l'écorce des arbres, ainsi que d'Escargots, de Vers de terre et même de petits Batraciens cachés sous l'écorce (généralement en train d'hiberner). La larve traverse 10 à 14 stades larvaires au cours des 2 ou 3 années de son développement. Noire sur la face dorsale, gris-noir sur le ventre, elle a le corps fortement sclérifié. Le dernier segment abdominal porte des urogomphes robustes et ramifiés. L'aspect extérieur de cette larve rappelle la larve des Coléoptères endogés du genre *Carabus*. La nymphose a lieu au printemps à l'intérieur d'une loge nymphale située sous l'écorce ou dans le bois en surface, parfois également dans le sol, au pied des souches ou des troncs sur lesquels la larve s'est développée. À l'issue de la nymphose qui dure 2 à 3 semaines, l'adulte se pose sur la végétation forestière, sur l'écorce et aussi sur les Ombellifères en fleurs.

2

Les membres peu nombreux de la sous-famille des Diminés, dont *Dima elateroides* (1), ont un corps peu allongé et charnu et ont perdu la capacité de voler. Trois espèces de cette sous-famille de Taupins peuplent également l'Europe méridionale, où elles fréquentent les collines et les zones alpines des prairies montagneuses plus vastes. Les larves sont végétariennes et vivent dans le sol, alors que l'on trouve plus souvent les adultes sous les pierres.

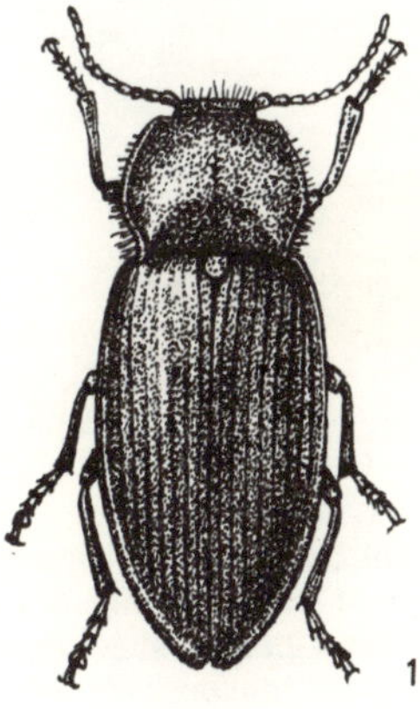
1

Les Taupins, plus particulièrement les espèces tropicales, sont souvent grands et parés de vives couleurs. Parmi ces espèces, plusieurs vivent également en Europe, dont *Calais parreyssi* (2) qui mesure plus de 30 mm et dont le développement est inféodé aux pinèdes d'Europe méridionale. Certaines espèces tropicales de Taupins sont pourvues, sur l'angle postérieur du pronotum, d'une zone lumineuse émettant une lumière exceptionnellement brillante.

Ver luisant commun
Lampyris noctiluca (LINNÉ, 1758)

Lampyridés
Lampyridae

En Europe, on rencontre partout le Ver luisant commun dans les endroits humides envahis d'une végétation dense, des régions de plaines jusqu'aux zones de montagnes. Long de 10 à 12 mm, ce Coléoptère est orné de couleurs ternes, dans les teintes brun-noir. Le dimorphisme sexuel est très marqué : la femelle est aptère et ressemble à la larve, alors que le mâle a des ailes. Cette famille se caractérise par le pronotum arqué et allongé vers l'avant, recouvrant complètement le dessus de la tête opisthognathe. Tous les Vers luisants ont cette capacité de bioluminescence, c'est-à-dire d'émettre de la lumière froide. Au cours de ce processus particulier, la lumière est émise lorsqu'une substance chimique, la luciférine, est oxydée en présence d'une enzyme, la luciférase, par l'oxygène libre de l'air. Les organes photogènes sont situés de chaque côté des derniers segments abdominaux ; ils existent également chez la larve, la nymphe et les œufs. Ces organes semblent commandés par des neurohormones car l'Insecte peut les activer ou non, selon son désir. Alors que l'adulte ne mange pas durant sa courte existence, les larves du Ver luisant commun sont prédatrices et se nourrissent d'Escargots. Leur corps est allongé, légèrement plus étroit aux deux extrémités, et la tête de petite taille (1) porte les mandibules acérées munies d'un canal interne. Par ce canal, la larve injecte dans le corps de ses victimes un poison sécrété par deux glandes situées dans l'intestin antérieur, dissolvant également les protéines et assurant ainsi une prédigestion. La larve aspire ensuite les parties liquéfiées à l'aide de ses maxilles et de son labre. Elle mue 5 fois et se nymphose au printemps, pendant deux semaines.

1

Le signal lumineux des Vers luisants sert de moyen de communication entre les différentes espèces, et permet d'attirer l'autre sexe en vue de la copulation. Dans les forêts tropicales, où des dizaines d'espèces de Vers luisants cohabitent dans le même biotope, ces Insectes ont développé une adaptation particulière. Chaque espèce émet de la lumière à une longueur d'onde donnée, ou bien à des intervalles de temps réguliers spécifiques. Un vol nocturne de

Vers luisants reste un souvenir inoubliable, car l'obscurité se remplit alors des éclairs lumineux de centaines d'Insectes, lumières d'intensité et de couleur variables, émises à des fréquences différentes. Cependant, seul le mâle vole, même si les femelles de certaines espèces possèdent des ailes. Les mâles de l'espèce *Phosphaneus hemipterus* (2), qui aiment la chaleur et vivent en Europe centrale et méridionale, ont les élytres extrêmement courts et ressemblent un peu à des Staphylinidés.

Cantharis fusca (LINNÉ, 1758)

Cantharis fusca est un des Coléoptères les plus communs d'Europe, qui apparaît en masse au printemps. Il mesure 11 à 15 mm de long, a le corps aplati, légèrement sclérifié (recouvert de chitine) et de couleur sombre, mais la moitié postérieure du pronotum et des antennes est orange. Du fait de son corps très peu sclérifié (comme chez tous les autres Cantharidés), *C. fusca* a le corps et les élytres très nettement mous. Cet Insecte est largement répandu dans toute l'Europe centrale et septentrionale, où il peuple les bois clairs, les steppes arborées et les talus et jardins envahis par la végétation. On le rencontre également en altitude dans les montagnes. Les adultes sont prédateurs, mais on a également constaté qu'ils s'alimentaient de jeunes pousses de Conifères. Les œufs sont pondus en été dans les couches superficielles du sol. Les larves nouvellement écloses ont un appareil buccal atrophié et ne peuvent se nourrir. Après 4 à 6 jours, lorsqu'elles ont mué une ou deux fois, elles se transforment en larves prédatrices actives. Elles n'ont pas d'appendices sur le dernier segment abdominal (1) et subissent encore 6 à 7 mues. Ces larves sont marron foncé et ornées de dessins noirs presque géométriques sur le thorax et l'abdomen. De plus, leur corps est entièrement recouvert de petits poils courts et denses. Elles vivent à la surface du sol ou peu en profondeur et sont extrêmement voraces. Elles injectent les sucs digestifs à l'intérieur de leurs proies, par un canal situé dans les mandibules. Ces sucs assurent une digestion extra-orale (à l'extérieur du corps). La larve hiberne et se nymphose dans le sol au printemps suivant ; le développement se déroule donc en une année.

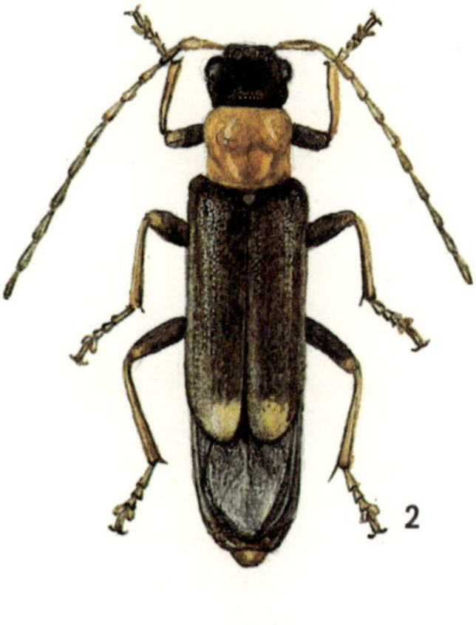
2

Les Cantharidés comptent également deux grands genres de petits Coléoptères discrets : *Malthinus* et *Malthodes*. De petite taille (3 à 4 mm de long), ils ont le corps svelte et très mou. On les rencontre quasiment partout, des régions de plaines aux hautes montagnes. Ils peuplent les prairies, les clairières et les landes de Bruyère, mais aussi les steppes et les steppes arborées. Les deux genres très voisins sont représentés en Europe par quelques 50 espèces que l'on distingue très difficilement les unes des autres. Une des plus communes est *Malthodes minimus* (2), qui vit partout

1

en Europe, excepté dans les Alpes et les Balkans. La famille des Cantharidés et des Lampyridés, ainsi que d'autres familles moins importantes, appartiennent au groupe des Cantharoidés dont les membres se caractérisent par un corps faiblement sclérifié et assez uniforme — un corps de type cantharidien.

Dictyoptera aurora (Herbst, 1784)

Seules huit espèces, appartenant à la famille essentiellement tropicale des Lycidés, peuplent l'Europe. La plus grande et la plus remarquable est *Dictyoptera aurora,* habitant l'Europe centrale et septentrionale. Elle mesure 8 à 13 mm de long. Son corps aplati est rouge brillant et orné de structures nettement visibles sur le pronotum. Les élytres portent des stries longitudinales et présentent un réseau apparent d'excavations de forme carrée. La tête, petite, est en partie masquée par le bord antérieur du pronotum. *D. aurora* est un habitant typique des forêts profondes, notamment au pied et dans les montagnes. Les larves et les adultes sont carnassiers et chassent d'autres Insectes. Les œufs sont déposés dans le bois en décomposition et sous l'écorce des vieux arbres mourants ou des souches. La larve aplatie ressemble un peu à une larve de Ver luisant. Mais, à la différence de ces dernières (et des larves de Cantharidés), toutes les larves de Lycidés sont glabres. Elles se nourrissent d'Insectes xylophages.

À l'heure actuelle, on connaît peu de chose concernant le biotope des Lycidés, si ce n'est que les larves de certaines espèces, dont l'espèce commune européenne *Lygistopterus sanguineus* (1), ont le neuvième segment abdominal orange brillant et pourvu de longs urogomphes noirs. Les régions tropicales de l'Ancien et du Nouveau Monde sont peuplées de centaines d'espèces remarquables aux couleurs très vives destinées à mettre leurs ennemis en garde : ces espèces sont toxiques. D'ailleurs, il est intéressant de constater que de nombreux autres Coléoptères, qui sont eux inoffensifs, notamment des membres de la famille des Cerambycidés (Longicornes), imitent la forme et la couleur de ces espèces toxiques.

1

Le groupe des Cantharoidés est représenté en Europe par une autre famille de Coléoptères de petite taille, dont le biotope présente un grand intérêt. Il s'agit de la famille des Drilidés, dont seules deux espèces vivent en Europe. La plus abondante est *Drilus flavescens,* que l'on trouve dans les endroits secs et chauds, généralement les steppes d'Europe centrale et méridionale. Le dimorphisme sexuel très marqué est sensiblement identique à celui des Vers luisants. Le mâle (2) a de longues antennes pectinées ainsi que des élytres et une seconde paire d'ailes totalement développés ; la femelle (3), elle, complètement aptère,

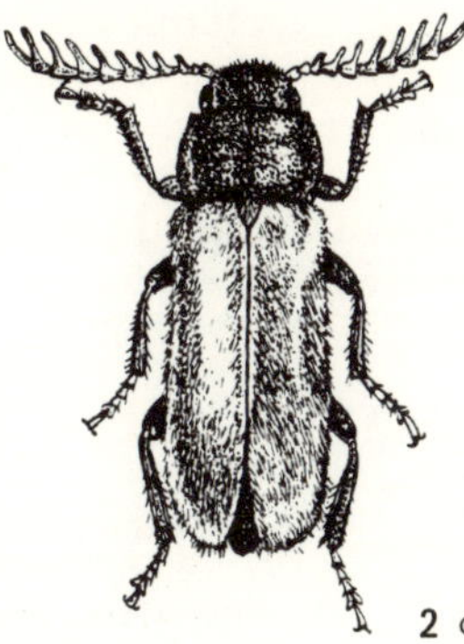

2 ♂

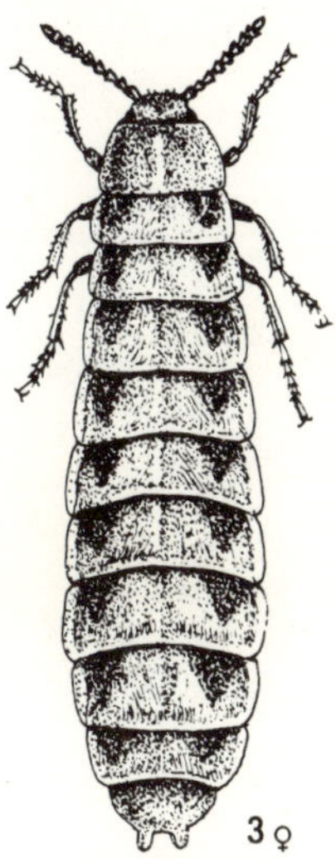

3 ♀

a des antennes courtes et dilatées, et un abdomen en forme de poche. Comme les larves, les femelles ont un régime alimentaire prédateur et se nourrissent d'Escargots terrestres. C'est également sur le sol que l'on rencontre larves ou femelles, le plus souvent à l'intérieur d'une coquille d'Escargot. Les mâles, eux, se reposent sur les plantes et ne mangent rien durant leur courte existence.

Dermeste du lard — Dermestidés

Dermestes lardarius LINNÉ, 1758 — *Dermestidae*

Le Dermeste du lard est sans aucun doute un des parasites des maisons le plus redouté. Cet Insecte assez discret mesure 7 à 9 mm de long. Bien qu'apparemment originaire d'Eurasie, il est devenu aujourd'hui cosmopolite. La femelle fécondée dépose toujours ses œufs directement sur le substrat dont se nourrit la larve (débris organiques d'origine animale), mais uniquement après avoir consommé une nourriture riche en protéines. Les œufs sont pondus en groupes de 6 à 8 unités sur une période de trois mois (de juin à août en Europe). À la température optimale de 18 à 20 °C, la larve éclôt dans un délai de 7 ou 8 jours. De couleur claire au début, elle s'assombrit au bout de quelques heures. Le Dermeste du lard a une larve polypode (éruciforme) recouverte de longues soies épaisses, et munie d'urogomphes en forme d'épine (1). Son développement comprend 5 à 7 stades larvaires. Arrivée au terme de sa croissance, la larve abandonne la nourriture sur laquelle elle s'est développée et creuse elle-même une galerie dans le substrat le plus proche pouvant convenir (le sol aussi bien que le papier, le bois, voire même une canalisation en plomb). Le passage de l'œuf à l'Insecte parfait dure 2 à 3 mois dans les conditions de température idéales. Dans les locaux chauffés ou dans les régions chaudes, plusieurs générations peuvent naître la même année. C'est toujours l'adulte qui hiverne. Le Dermeste du lard cause de gros dégâts aux matières d'origine animale : les peaux, la viande fumée, les tissus en laine, les animaux empaillés, etc. L'éradication de ce nuisible s'est toujours avérée difficile car les produits chimiques de contact ne parviennent pas à pénétrer la peau de la larve, recouverte d'un épais manteau de longues soies.

1

Attagenus pellio (2) est un autre nuisible de la famille des Dermestidés. Moins répandu que le Dermeste du lard, sa larve s'attaque cependant à des aliments beaucoup plus variés et pas uniquement d'origine animale. En effet, elle s'attaque également à des matières d'origine végétale tels les tapis, les meubles tapissés, les céréales, la farine, le sucre, les granulés, les flocons d'avoine et les collections botaniques. Comme chez toutes les espèces d'*Attagenus*, l'imago se nourrit du pollen d'un grand nombre de plantes,

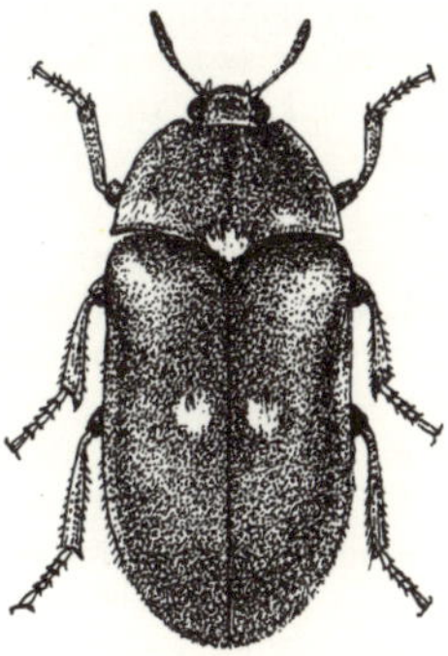

2

principalement d'Aubépine, de Prunellier et de Spirée. Le développement larvaire, qui peut durer jusqu'à trois années dans des conditions défavorables, est ponctué de 11 stades larvaires. Cependant, le développement ne dure habituellement qu'un an et c'est la forme adulte qui hiverne.

Anthrène des musées — Dermestidés
Anthrenus museorum (LINNÉ, 1761) — *Dermestidae*

Ce petit Coléoptère, mesurant environ 3 mm de long, est un des nuisibles les plus connus sévissant dans les collections des musées, notamment les collections d'Insectes. Cependant, les larves peuvent s'attaquer à d'autres matériaux d'origine animale, comme par exemple les peaux et les fourrures, les perruques, les textiles de laine et de soie, la viande fumée, le fromage et même la colle. Elles sont également réputées pour endommager le lin et le coton ainsi que les produits amylacés dérivés de la farine. L'Anthrène des musées vit aussi parfois dans les entrepôts de céréales, mais dans ce cas, la larve mange les restes d'autres Insectes. L'adulte est pollinophage et s'intéresse plus particulièrement aux fleurs d'Aubépine et d'Ombellifères. C'est également dans les fleurs que mâles et femelles s'accouplent. Une fois fécondée, la femelle entre dans les maisons, les entrepôts et autres endroits où elle pourra trouver de la nourriture pour les larves. Elle pond 20 à 30 œufs et le développement complet dure 7 à 14 mois, selon la température et la quantité et qualité de la nourriture disponible. C'est toujours la larve qui hiverne. Celle-ci est petite, robuste, et recouverte de longues soies denses. On distingue 9 stades larvaires et la pupe reste habituellement à l'intérieur de l'exuvie du dernier stade larvaire. Dans la nature, les larves s'installent fréquemment dans les nids d'Oiseaux, ainsi que dans les toiles de grosses Araignées, où elles se nourrissent des restes d'Insectes. Fréquemment aussi, la larve se développe dans le cocon des Papillons de nuit. Si l'on ne surveille pas soigneusement les collections de musées, y compris celles de grand volume, elles risquent d'être très rapidement détruites. Pour éviter cela, on les vaporise avec des produits chimiques, on trempe les spécimens contaminés dans le benzène ou on les place simplement au froid à une température de 4 °C.

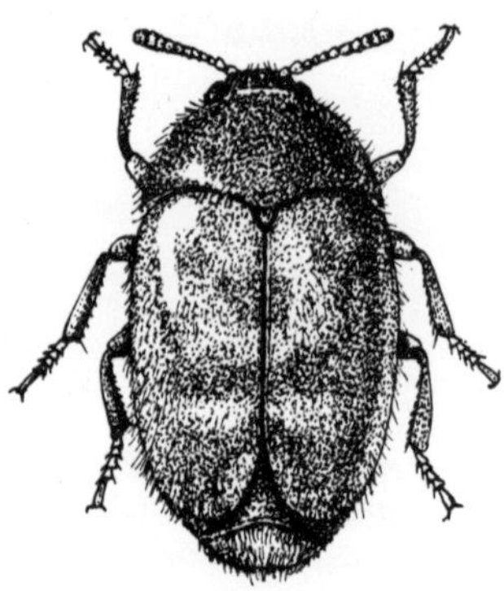

1

La famille des Dermestidés compte un autre nuisible sérieux des céréales entreposées, le Trogoderme des grains (*Trogoderma granarium* — 1), qui mesure 2 à 3 mm de long et a une teinte rouille. Originaire de Malaisie, d'Inde et de Ceylan, elle s'est répandue dans le monde entier grâce aux transports maritimes. À la différence d'autres espèces nuisibles de la famille des Dermestidés, celle-ci affectionne particulièrement les matières d'origine végétale, les produits amylacés dérivés de la farine, mais peut aussi s'attaquer au lait en poudre et au sang séché.

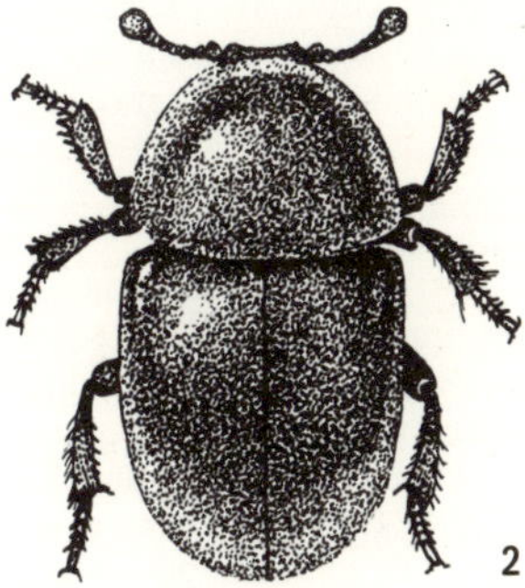

2

Proche des Dermestidés, il existe une petite mais intéressante famille, celle des Thorictidés, dont tous les membres sont myrmécophiles. Un des plus grands est *Thorictus grandicollis* (2), qui mesure 2 mm de long, est marron et vit dans le sud de l'Europe.

Anobium pertinax Linné, 1758

Ce Coléoptère de 4,5 à 6 mm de long est pratiquement noir. Sa tête de petite taille est masquée par le bord antérieur du pronotum. Comme la plupart des Anobiidés, il vit dans le bois vieux, mort et sec. Au printemps, pendant la saison des amours, les mâles frappent leur tête et leur pronotum sur la paroi de leur terrier pour attirer la femelle. Le bruit du choc est amplifié par le bois sec, et est à l'origine du nom vernaculaire de cet Insecte dans différentes langues. La femelle pond les œufs directement sur le bois sec et mort que la larve peut digérer grâce à une bactérie symbiotique capable de décomposer la cellulose. Ces bactéries passent du système alimentaire de la femelle jusqu'aux œufs lors de la ponte et les larves nouvellement écloses les absorbent lorsqu'elles déchirent la coque de l'œuf. La larve est blanche, molle, vermiforme ; elle se développe habituellement en un an et mue quatre fois. Le bois sec et mort infesté est littéralement transformé en sciure par des générations de larves, et finit par se désagréger complètement. Dans le passé, on a rapporté des cas où des bâtiments de bois entiers s'écroulaient parce que les poutres de soutènement étaient minées par ces Insectes, ou plus exactement par leurs larves. Lorsque le bois n'est pas totalement infesté, il est possible d'injecter des produits insecticides dans les trous de sortie à l'aide d'une seringue. Certains objets plus petits et de plus grande valeur peuvent être vaporisés avec du cyanure dans un récipient spécial. On peut également effectuer un traitement préventif sur les chevrons en les protégeant d'un revêtement spécial. En fait, le meilleur remède consiste encore à brûler l'objet infesté.

1

Les Anobiidés comprennent également un certain nombre d'espèces qui ne vivent pas dans le bois. Ainsi, la larve (1) de la Stégobie des pharmacies (*Stegobium paniceum*) se développe dans les denrées alimentaires et cause d'importants dégâts dans les entrepôts de nourriture. Elle s'attaque d'abord aux produits amylacés dérivés de la farine mais aussi au chocolat, au cacao, à la viande fumée, aux plantes séchées et aux épices et à d'autres aliments. *Lasioderma serricorne* (2) a une prédilection alimentaire tout à fait particulière car elle se nourrit de feuilles séchées et de produits du tabac.

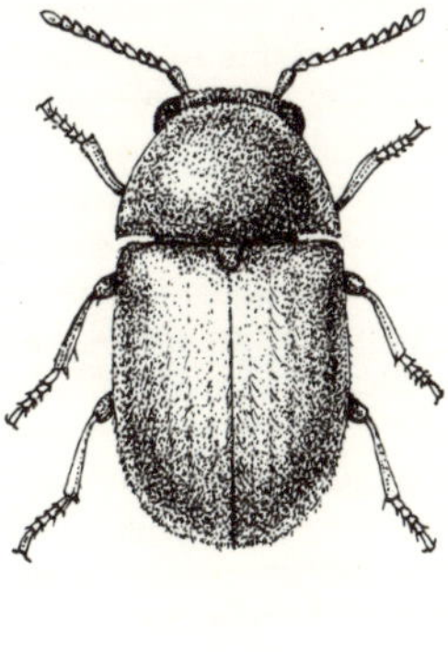

2

Originaire d'Amérique Centrale et d'Amérique du Sud, elle s'est développée partout dans le monde. Dans les entrepôts chauffés où sont stockés les produits du tabac, on observe parfois plusieurs générations par an. Aux Philippines, par exemple, elle a causé 250 000 dollars de dégâts en une seule année.

Anobie impériale
Hedobia imperialis (LINNÉ, 1767)

Anobiidés
Anobiidae

La famille des Anobiidés compte un très grand nombre d'espèces qui ne sont absolument pas nuisibles. *Hedobia imperialis* en est un exemple. Il mesure environ 5 mm de long. Ses élytres marron sont parés de dessins gris-blanc assez complexes. Point commun à tous les Anobiidés, le bord avant du pronotum est allongé mais ne cache pas entièrement la tête, comme c'est le cas chez de nombreuses autres espèces. *H. imperialis* peuple quasiment toute l'Europe et apparaît en abondance au sud de ce continent. On le trouve dans les steppes arborées et les bois de feuillus aérés et ensoleillés, notamment les forêts de Chênes. À l'instar de tous les Anobiidés, la larve de cette espèce est vermiforme, peu sclérifiée (peu riche en chitine) et blanche. On la trouve dans le bois mort mais dur des grosses branches de Chênes et de Charmes, mais aussi d'Ormes, de Tilleuls et d'arbres fruitiers. Le développement larvaire se déroule en une année et les adultes apparaissent dès le début du printemps. Comme tous les Anobiidés, ils rampent lentement, avec hésitation et prennent souvent leur envol quand les soirées sont chaudes. On peut trouver un grand nombre de ces Insectes sur les fleurs d'Aubépine. *H. imperialis* ne fréquente que les biotopes non pollués. Sa présence est donc un indicateur de l'état de pollution ambiant, de même que la présence de *H. regalis* et *H. pubescens*.

1 ♂

Ptilinus pectinicornis (1) est sans aucun doute l'espèce d'Anobiidé la plus abondante dans la nature. Long d'environ 5 mm, cet Insecte svelte et cylindrique présente un dimorphisme sexuel marqué. La femelle a de longues antennes simples, tandis que celles du mâle sont nettement pectinées à partir du quatrième article. Cet Anobiidé vit à peu près partout en Europe où son habitat comprend les arbres morts toujours dressés, principalement les Hêtres et les Saules, dans lesquels il fore des milliers de minuscules trous circulaires d'où s'écoule lentement le bois transformé en poudre. Ces arbres se reconnaissent de loin car ils semblent avoir été saupoudrés de poussière jaunâtre.

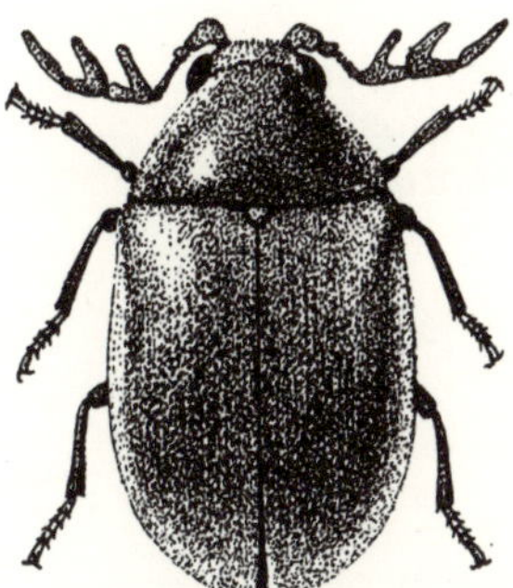

2

La sous-famille indépendante des Dorcatominés comprend de petits Anobiidés robustes, au dernier article antennaire extrêmement dilaté, comme par exemple *Dorcatoma dresdenensis* (2), commun en Europe centrale et vivant sur des champignons Polypores morts.

Bostryche des Chênes
Bostrychus capucinus LINNÉ, 1758

Bostrychidés
Bostrychidae

Cet Insecte robuste a le corps cylindrique, les élytres rouge brique et la tête et le pronotum noirs. Sa taille varie énormément (6 à 15 mm de long). Il peuple l'Europe centrale et du Sud, le nord de l'Afrique et l'Asie Mineure. Il se distingue des autres membres de la famille par sa couleur caractéristique, car les autres Bostrychidés sont généralement marron ou noirs. Le pronotum est presque sphérique et cache la petite tête hypognathe. Les larves se développent dans le bois mort mais dur des feuillus, principalement les Chênes, Charmes, Noyers et arbres fruitiers, surtout dans les steppes, les steppes arborées et les forêts des plaines inondables. Les larves sont capables de transformer une branche morte en un tuyau rempli de poudre de bois car des générations successives peuvent habiter la même branche. Les larves vermiformes ont le corps peu sclérifié (peu recouvert de chitine) et se distinguent des autres larves d'Anobiidés par leur petite tête courte et leur thorax plus étroit. Le développement larvaire peut durer plusieurs années, en fonction de la qualité et de la quantité de nourriture disponible. Ces facteurs influent également sur la taille de l'adulte. Si les larves se développent sur du bois qui a déjà commencé à pourrir et fournit peu de nourriture ou si celle-ci est insuffisante, les Insectes sont petits et dits « formes mineures ».

L'espèce *Rhizopertha dominica*, cosmopolite, est un nuisible sérieux des entrepôts. Elle appartient à la famille des Bostrychidés. Sa larve se développe dans les denrées alimentaires d'origine végétale.

2

Les régions tropicales et désertiques abritent de nombreuses espèces de Bostrychidés dont la forme du pronotum ou des élytres est tout à fait intéressante. Ainsi, *Bostrychoplites cornutus* (1), qui vit dans le Sahara et a été introduit en Europe centrale par les navires transportant du bois, présente sur le bord avant du pronotum deux longues cornes recourbées et couvertes de nombreux granules saillants. Chez d'autres espèces, les élytres sont tronqués et hérissés de différents organes épineux et de cornes. Assez répandue au centre et à l'est de

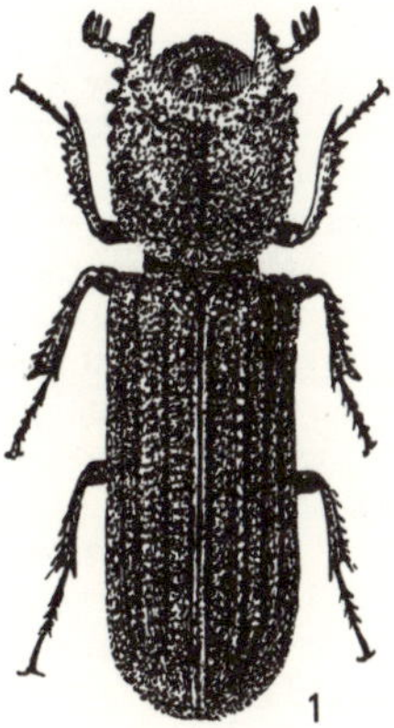

1

l'Europe, l'espèce *Psoa vienensis* (2) a une larve qui se développe dans les tiges et les branches mortes des vignes. Elle est souvent considérée, à tort, comme un ennemi des vignes, alors qu'elle ne se développe que sur les parties mortes de la plante.

Ptinus fur LINNÉ, 1758

Cet Insecte discret, roux-brun, mesurant environ 3 à 4,5 mm de long, se rencontre plus souvent dans les habitations que dans la nature, même s'il peuple l'ensemble de la région holarctique. On le trouve principalement sur les vieux feuillus au bois sec et vermoulu poussant dans les régions chaudes des plaines, et parfois aussi dans les zones vallonnées. Dans la nature, ses mœurs se rapprochent beaucoup de ceux des Anobiidés, et sa larve (1) ressemble énormément à celle des Anobiidés ; elle est blanche, vermiforme et peu sclérifiée (peu recouverte de chitine). Par contre, les segments abdominaux ne sont pas hérissés de petits organes épineux. Dans la nature, le développement larvaire dure une année et les adultes apparaissent dès le début du printemps. Le corps du mâle est svelte, presque cylindrique, de couleur rouille uniforme, alors que la femelle est très bombée, comme enflée, et de couleur marron avec des barres transversales plus claires sur les élytres. Chez les deux sexes, la tête est en partie masquée par le bord avant du pronotum.

Cependant, c'est dans les habitations et dans les endroits où est stockée la nourriture que l'on rencontre le plus souvent cette espèce. Là, les larves se développent dans n'importe quel type d'aliment séché, des produits amylacés dérivés de la farine à la viande séchée et fumée. Toute matière sèche d'origine organique suffit à ses besoins : vieux tissus, papier, linoleum en liège, matériaux d'isolation des conduites d'eau, vieux chevrons, et même les panneaux comportant de fins copeaux de bois, de la sciure ou de la paille. Dans les bâtiments chauffés, *Ptinus fur* peut avoir deux générations la même année ; il apparaît même souvent pendant l'hiver, notamment lors des périodes de redoux.

2

Les membres de la famille des Ptinidés se caractérisent par de très larges élytres semblant enflés, et généralement aussi par des ailes réduites. Le premier caractère (élytres bombés) est très prononcé chez *Gibbium psylloides* (2), espèce cosmopolite dont il n'est pas aisé de définir la zone géographique d'origine. C'est un hôte fréquent des habitations en Europe. D'autres Ptinidés synanthropes (qui recherchent le voisinage de l'homme) vivent également dans les habitations, et causent souvent des dégâts du fait de leur grand nombre. Ils s'agglutinent alors autour des sources

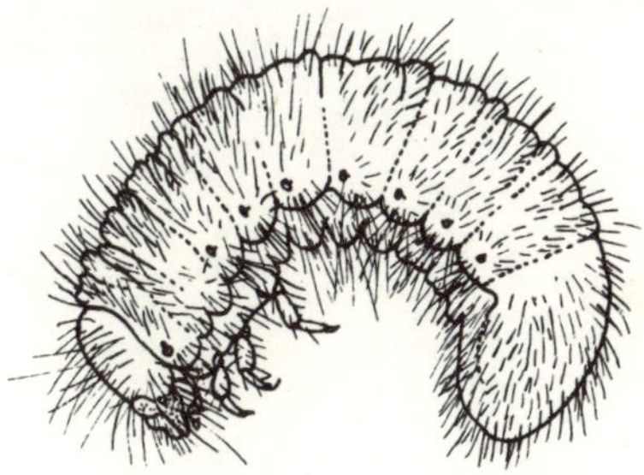

1

de lumière de façon impressionnante. Cependant une telle invasion prend souvent fin aussi vite qu'elle a débuté et ne nécessite pas l'utilisation de produits chimiques.

Tenebrioides mauritanicus Linné, 1758

Dans la nature, *Tenebrioides mauritanicus*, long de 6 à 11 mm, fréquente le dessous des écorces des arbres mourants et des souches, ainsi que le bois en décomposition où il trouve d'autres Insectes et leurs larves pour se nourrir. On le rencontre dans les régions chaudes de plaines et des zones vallonnées. La larve allongée est blanche, a l'ensemble du corps légèrement chitinisé à l'exception de la tête, du prothorax et de l'abdomen qui sont, eux, fortement sclérifiés (recouverts de chitine — 1). De plus, le dernier segment abdominal porte une paire d'urogomphes pointus, en forme d'épine. La larve est aussi très vorace et chasse les Insectes xylophages et leurs larves. Elle mue 3 à 4 fois au cours de son année de développement. Cette espèce s'est également adaptée à la vie dans les habitations et les entrepôts, même si c'est en de moindres proportions que les Anobiidés, Ptinidés et Dermestidés. Pourtant, seuls les adultes s'attaquent aux marchandises car les larves sont voraces et débarrassent les entrepôts comme les habitations des autres Insectes nuisibles. Ainsi, à plusieurs occasions, on a pu observer la larve attaquant et dévorant avidement les larves de Dermestidés des genres *Dermestes, Attagenus* et *Anthrenus.* Plusieurs espèces très proches du genre *Tenebrioides* n'ont pu être observées que dans la nature où leurs mœurs ressemblent à celles des populations de *Tenebrioides mauritanicus* lorsqu'il vit également dans la nature. La question est de savoir pourquoi, parmi toutes ces espèces très voisines, seule *T. mauritanicus* s'est partiellement adaptée à vivre dans les habitations et entrepôts.

1

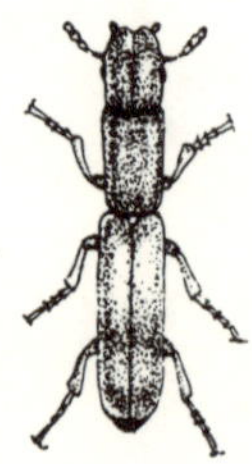

3

Le centre de répartition de la famille des Trogossitidés se situe dans les régions tropicales d'Amérique du Sud, et seuls quelques membres vivent en Europe. Ils ont généralement le corps ovale, fortement aplati et se développent dans le bois pourri ou moisi. Le plus grand représentant de cette famille vivant dans la région paléarctique est *Peltis grossum*

(2), qui fréquente les Sapins des montagnes d'Europe et de Sibérie. Ses trous de sortie ressemblent à des fentes de machines à sous. Une exception à la structure corporelle typique de cette famille est l'espèce européenne assez commune *Nemosoma elongatum* (3) dont le corps très fin et allongé, presque cylindrique, est adapté à des mœurs prédatrices dans les galeries d'autres Insectes xylophages, notamment les Scolytidés.

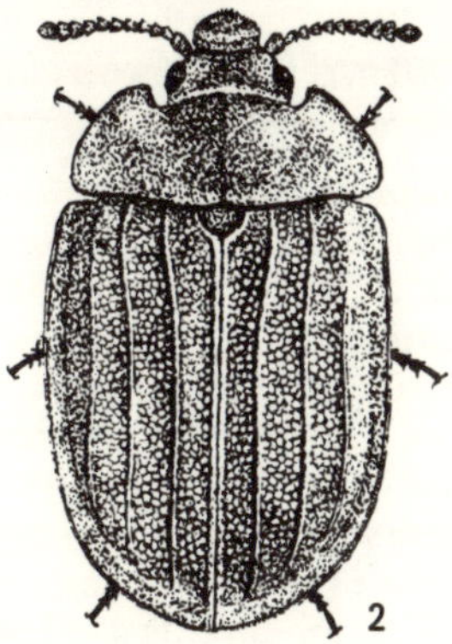

2

Thanasimus formicarius (LINNÉ, 1758)

Thanasimus formicarius est sans aucun doute un des Coléoptères les plus utiles. Cet Insecte rouge, noir et blanc, long de 7 à 10 mm, peuple toute l'Europe, l'Afrique et la Sibérie. C'est le seul membre de la famille des Clérides, dont les espèces aiment la chaleur, à s'être adapté aux climats les plus rudes d'Europe du Nord. On le rencontre partout, des plaines aux montagnes, mais moins souvent à basse altitude que dans les hauteurs. Extrêmement vorace et agile, il chasse plusieurs sortes d'Insectes qui sont souvent bien plus grosses que lui. La larve (1) est rose et peu sclérifiée (peu recouverte de chitine). Seuls, les téguments de la tête et du dernier segment abdominal, qui porte une paire d'urogomphes, sont de couleur marron et fortement chitinisés. La larve de *T. formicarius* compte parmi les larves les plus carnassières. Elle vit sous l'écorce des arbres, en majorité des Conifères, où elle chasse les larves d'autres Insectes, notamment de Coléoptères corticoles (Scolytidés). Bien que *Thanasimus formicarius* soit une espèce très abondante, y compris dans des conditions normales, on observe une explosion de population les années où les Scolytidés atteignent la cote d'alerte de par leur nombre. Ces années là, *T. formicarius* et ses larves ainsi que les adultes de Mouches-serpents (Raphidioptères) comptent parmi les Insectes destructeurs les plus efficaces des Coléoptères corticoles et de leurs larves. C'est pour cette raison qu'ils ont été introduits aux État-Unis et au Canada afin de contrôler les invasions de Coléoptères corticoles.

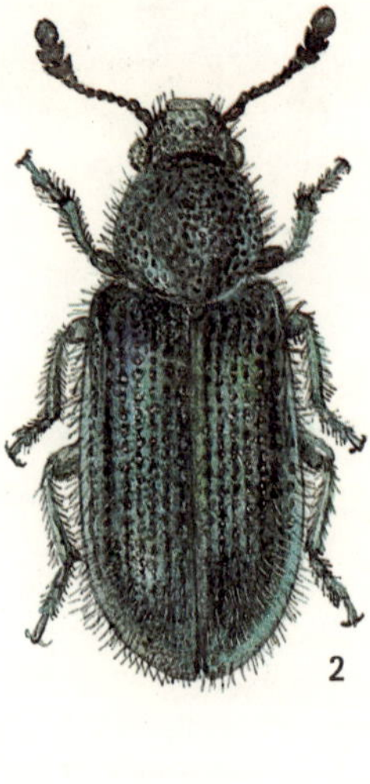

2

La famille des Clérides regroupe essentiellement des espèces tropicales et une minorité d'espèces européennes. Elles sont toutes très voraces et leurs larves vivent sous les écorces ou dans le bois, à l'intérieur des tunnels d'autres Insectes qu'elles chassent. *Necrobia violacea* (2), petite espèce bleu-vert métallique, répartie dans le monde entier, constitue une des rares exceptions. En effet, sa larve (ainsi que les larves d'autres espèces du genre *Necrobia*) ne vit pas sous l'écorce ou dans le bois, mais sur les cadavres où elles chassent principalement des larves

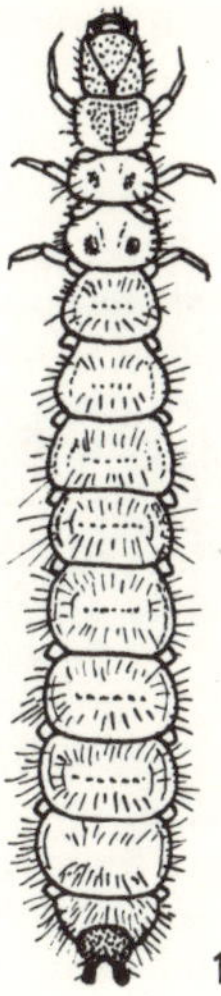

1

de Mouches. Toutes les espèces de *Necrobia* se reconnaissent à leur couleur bleu métallique ; certaines ont les pattes et parfois le pronotum et la base des élytres teintés de roux. Elles sont petites (au plus 5 mm de long), très rapides et se rencontrent souvent en très grand nombre sur de gros cadavres.

Trichode

Trichodes apiarius (LINNÉ, 1758)

Clérides
Cleridae

Des Coléoptères visitant les fleurs, c'est l'un des plus remarquables. Long de 10 à 15 mm, il a le corps de couleur vive, rayé de bandes transversales rouges et bleues et recouvert de soies longues et assez denses. Il peuple l'Europe centrale et méridionale et le nord de l'Afrique. Il affectionne les biotopes chauds, ensoleillés, et on le trouve le plus souvent dans les régions de steppes et de steppes arborées sur les versants de collines. Cependant, il peut migrer des vallées jusqu'aux zones de montagne. Les adultes visitent souvent les fleurs de différentes plantes, notamment celles des Ombellifères, mais aussi des Renoncules, des Composées, etc. Cependant, ils ne se nourrissent pas du pollen de ces plantes, mais guettent d'autres Insectes qu'ils attaquent férocement. En effet, *T. apiarius*, comme d'autres membres de cette famille, est prédateur. Cependant, son développement diffère sensiblement de celui des autres Clérides, car sa larve ne vit pas dans le bois et ne chasse pas d'autres larves d'Insectes, mais se développe dans les nids d'Abeilles solitaires ou sociales. La larve allongée, rose, peut mesurer 2 cm de long, et a le corps recouvert de longues soies hérissées. Seuls la tête et le dernier segment abdominal porteur des urogomphes sont de couleur sombre et fortement sclérifiés (recouverts de chitine). Les larves se nourrissent des larves d'Abeilles qu'elles trouvent dans les nids d'Abeilles sauvages et dans les ruches. En petit nombre, ces Insectes causent peu de dégâts dans les ruches, d'ailleurs largement compensés par l'action bénéfique des adultes.

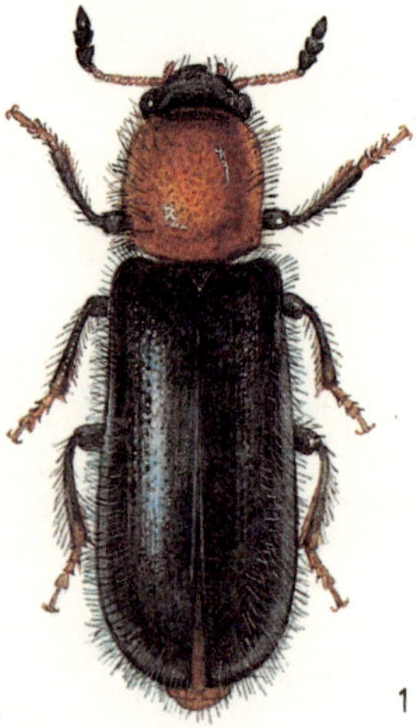

1

Une des rares espèces européennes de Clérides, *Dermestoides sanguinicollis* (1), peuple les régions les plus chaudes de steppes arborées ainsi que les forêts de plaines inondables d'Europe centrale et méridionale. La larve vit dans le tronc des vieux Chênes mourants, où elle se nourrit des larves d'Insectes xylophages, notamment de Longicornes, Buprestidés et Coléoptères corticoles. *Emmepus elegans* (2) est une espèce particulière de Clérides ayant les élytres tronqués, et vivant de l'Asie centrale jusqu'aux régions les plus orientales d'Europe. Les larves vivent à l'intérieur des vieilles pousses de Roseaux, où elles mangent les larves d'autres Insectes, notamment celles des Buprestidés du genre *Paracylindromorphus*.

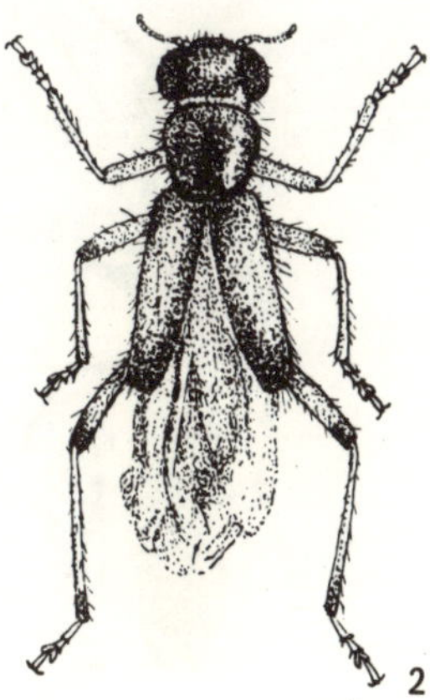

2

Malachius bipustulatus (LINNÉ, 1758)

Du printemps à la fin de l'été, on rencontre fréquemment *Malachius bipustulatus* sur une grande variété de plantes à fleurs. Ce petit Insecte de 5,5 mm de long, vert métallique ponctué de petits points rouges sur le pronotum et les élytres, habite dans toute l'Europe, des plaines aux montagnes relativement élevées. Les adultes sont prédateurs et se nourrissent de petits Insectes qui visitent les fleurs : Pucerons, petites Mouches, etc. L'accouplement a lieu au printemps et la femelle dépose 10 à 30 œufs dans les fentes des écorces. Une larve (1) rose, très agile, au corps légèrement sclérifié (recouvert de chitine) éclôt une douzaine de jours plus tard ; seuls la tête et le dernier segment abdominal muni d'urogomphes sont fortement sclérifiés et de teinte plus foncée. Les larves sont aussi prédatrices et chassent les larves et nymphes de petits Insectes xylophages. Elles ne traversent probablement que trois stades larvaires au cours de leur développement.

Les mâles de tous les membres de la sous-famille des Malachiinés disposent d'organes tout à fait intéressants, les incitateurs sexuels, qui juste avant et pendant la copulation, sécrètent des substances attirant les femelles et stimulant l'accouplement. Ces organes sont situés à des endroits divers : la tête, les antennes, les tibias, l'abdomen ou les élytres. Chez *M. bipustulatus,* ces organes excitateurs ornent le front, entre les deux antennes, et sont situés dans une excavation bordée de poils raides et éparpillés qui aident à diffuser l'odeur de la sécrétion. Chez d'autres espèces, ces organes excitateurs sont beaucoup plus complexes.

2

Les espèces de la sous-famille des Malachiinés se caractérisent par un autre trait intéressant. En effet, lorsqu'un danger menace ou bien lorsqu'ils sont irrités par un contact direct, ces Coléoptères font saillir, sur les côtés du pronotum et de l'abdomen, des vésicules spéciales remplies d'hémolymphe orange et destinées à effrayer l'ennemi. De plus, ces Insectes sont sans aucun doute toxiques ou en tout cas non comestibles pour différents prédateurs.

1

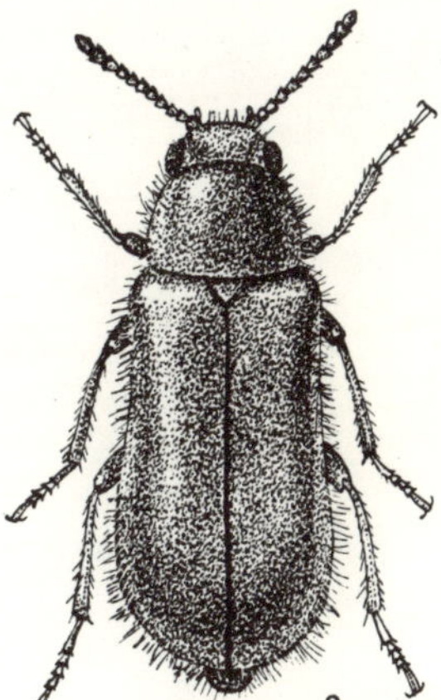

3

D'autres Mélyridés très communs en Europe comptent dans leurs rangs *Dolichosoma lineare* (2) et *Dasytes plumbeus* (3) de la sous-famille des Dasytinés. Le premier, très allongé et svelte, peuple principalement les régions de steppes arborées, et le second, les plaines et les montagnes.

Hylecoetus dermestoides (Linné, 1761)

Il peuple l'ensemble de l'Europe, principalement les régions vallonnées et montagneuses, aux altitudes où poussent le Hêtre et où l'on trouve des plantations mixtes de Hêtres et de Sapins. L'apparence de la femelle couleur rouille varie peu, alors que la taille du mâle fluctue énormément (6 à 18 mm), de même que sa couleur puisqu'il peut être entièrement roux, entièrement noir, beige ou d'une combinaison de toutes ces teintes. Les palpes maxillaires du mâle ont secondairement acquis un nombre accru d'articles ; ils sont épais et nettement en forme d'éventail (flabelliformes). Les œufs sont déposés dans les fissures des arbres morts (de Hêtres principalement). Au premier stade larvaire, la larve mesure environ 2 mm de long, a une grande tête, cinq yeux simples (stemmates) et le dernier segment abdominal tronqué. Elle creuse des sillons dans le bois. Les larves des stades suivants sont nettement différentes du point de vue morphologique (1), et ressemblent plus aux larves des Tenthrèdes (Tenthrédinidés) qu'à celles de Coléoptères. Elles ont un long corps cylindrique, au tégument peu chitinisé, un prothorax en forme de goutte d'eau, le dernier segment abdominal porteur d'un long appendice épineux, des pattes assez longues et pas de stemmates. La larve creuse des galeries horizontales dans le bois et repousse la sciure fine à l'extérieur à l'aide de ses pattes et de son appendice abdominal épineux. Lorsqu'un arbre est attaqué, il semble avoir été saupoudré de farine blanche. Le développement dure un an. La larve se nymphose au début du printemps et les adultes apparaissent très tôt au printemps suivant, généralement en grand nombre. Ils ne se nourrissent pas et ne vivent généralement que quelques jours.

La larve de *H. dermestoides* ne mange pas le bois dans lequel elle vit, mais des champignons ambrosias de l'espèce *Endomyces hylecoeti* poussant sur les murs des galeries creusées par la larve. Lorsque les œufs sont pondus, la femelle les recouvre des spores du champignon que les larves du premier stade larvaire

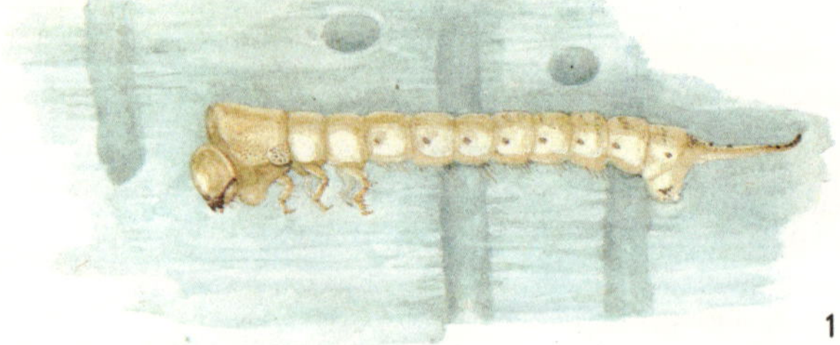

1

♂

transportent ensuite avec elles dans les galeries.

Lymexylon navale (2) est une autre espèce européenne appartenant à cette famille. Beaucoup moins rare, aimant assurément les régions chaudes, elle peut être identifiée rapidement grâce à son pronotum nettement plus long que large. Les larves de cette espèce vivent uniquement dans le bois dur des Chênes qu'elles déprécient en y creusant leurs galeries. Dans la zone tropicale, il existe des espèces de Lyméxylonidés qui ont des élytres extrêmement courts et vivent en compagnie des Termites.

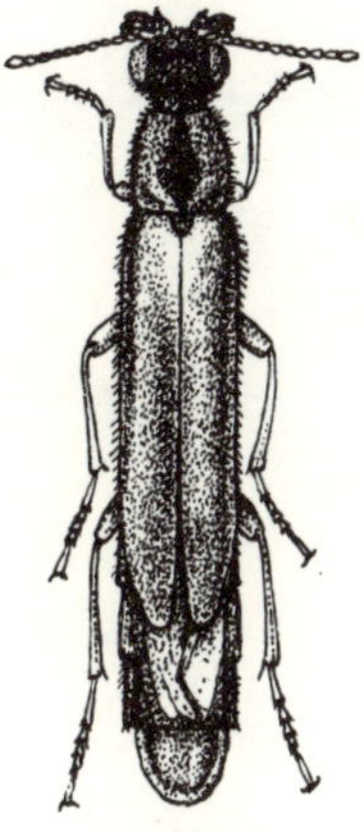

2 ♂

Nitidule à quatre points — Nitidulidés
Glischrochilus quadripunctatus (LINNÉ, 1758) — *Nitidulidae*

C'est le plus grand représentant européen de la famille des Nitidulidés. Il mesure 4 à 6,5 mm de long, a le corps légèrement bombé et les élytres ornés de quatre points rouges très visibles. Il peuple l'Europe entière (dans le sud, uniquement les montagnes), et la Sibérie jusqu'en Extrême-Orient, où il forme une sous-espèce différente. *G. quadripunctatus* est un habitant typique des montagnes et des régions de proche montagne, où il fréquente particulièrement les bois de Hêtres et d'Épicéas. On le rencontre le plus souvent sur la sève fermentée qui suinte des blessures des arbres. Il a un régime alimentaire saprophage, mais parfois aussi prédateur. La larve est large et aplatie. Elle a de très courtes pattes, et le dernier segment abdominal fortement sclérifié (recouvert de chitine) porte des urogomphes assez longs et ramifiés. Elle diffère en cela d'autres larves de Nitidulidés qui ont des urogomphes simples et généralement très courts. La larve vit dans la sève suintante et fermentée et, comme l'adulte, est en partie saprophage et prédatrice. Les orifices de respiration (les stigmates) sont situés sur de longs appendices coniques leur évitant de devenir collants et de s'obstruer même lorsque la larve est complètement immergée dans la sève. Dans les années 50, l'espèce très voisine d'Amérique du Nord, *Glischrochilus quadrisignatus*, a été involontairement introduite en Europe. Elle s'y est établie en l'espace de quelques années et peuple désormais presque tout le continent. Encore plus attirée par les régions chaudes que *G. quadripunctatus*, on la trouve essentiellement dans les régions agricoles. Dans son pays d'origine, elle cause parfois des dégâts dans les cultures de maïs.

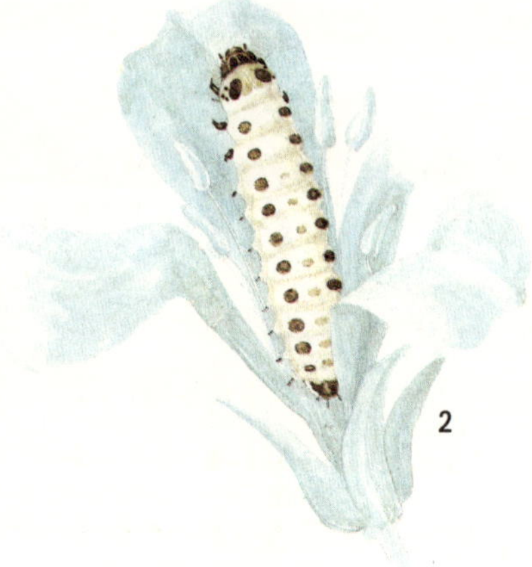
2

La famille des Nitidulidés comprend également un autre nuisible sérieux des cultures : le Méligèthe bronzé (*Meligethes aeneus*) (1). C'est un petit Insecte discret (1,5 à 2,5 mm de long) qui grignote les fleurs et le sommet des Crucifères notamment, surtout les oléagineuses telles que la Moutarde et le Colza. La larve a le corps blanc-rosâtre, mou ; seuls la tête et le dernier segment abdominal sont fortement sclérifiés et plus sombres (2). Les segments thoraciques et abdominaux portent

1

également de petits sclérites (plaques durcies du squelette externe) foncés. La larve elle aussi grignote les fleurs et les feuilles des plantes hôtes. Son développement dure 3 à 4 semaines et on dénombre trois stades larvaires. La nymphose se déroule dans le sol. L'imago est actif jusque tardivement pendant l'été ; il hiberne dans le sol et réapparaît très tôt au printemps suivant, lorsqu'il visite les premières fleurs printanières (Tussilage, Chélidoine, etc.).

Cucujus cinnaberinus Scopoli, 1763

Cucujus cinnaberinus, le plus grand (12 à 15 mm de long) et le plus étonnant des représentants de la famille des Cucujidés, peuple l'ensemble de l'Europe centrale et du Nord, et même le sud-est de l'Europe et l'ouest de la Sibérie. Cependant, c'est une espèce assez rare, qui ne fréquente que les biotopes vierges, le plus souvent situés dans les montagnes et les régions de proche montagne. L'adulte et la larve vivent sous l'écorce des vieux arbres et des troncs déracinés, principalement de Sapins, Hêtres et Peupliers, et comptent parmi les prédateurs les plus voraces (notamment les larves) de ce type d'habitat. La forme du corps de cet Insecte montre à quel point il est bien adapté pour vivre sous l'écorce. En effet, il est quasiment aussi mince qu'une feuille et peut donc se glisser à l'intérieur des fissures du bois. Pratiquement tous les Cucujidés ont un corps ainsi formé. La larve de couleur rouille est elle aussi aplatie et très active. Le dernier segment abdominal porte deux appendices fixes, les urogomphes (1). De par sa forme, sa couleur, ses mouvements et ses mœurs prédatrices, elle ressemble énormément aux larves du genre *Pyrochroa* de la famille des Pyrochroidés.

Autre espèce européenne, *C. haematodes* est encore plus rare que *C. cinnaberinus*. Elle diffère simplement par son pronotum plus rond et la couleur rouge des maxilles. L'adulte des deux espèces se rencontre sous les écorces, le plus souvent en hiver et au début du printemps.

2

En règle générale, pratiquement toutes les larves des espèces de Cucujidés ressemblent à la larve de *C. cinnaberinus* pour ce qui est de la forme du corps (1) et des urogomphes toujours fixes à l'extrémité de l'abdomen.

Cette famille compte également certains nuisibles sérieux des entrepôts, tels ceux des denrées alimentaires entreposées (*Ahasverus advena* et certaines espèces du genre *Laemophloeus*). L'un des plus connus est l'espèce cosmopolite *Oryzaephilus mercator* ou Cucujide des grains

oléagineux (2), terrible fléau des aliments stockés, notamment du riz et de la farine et de ses dérivés. Elle a été introduite dans le monde entier, et est classée par certains spécialistes dans la famille des Sylvanidés.

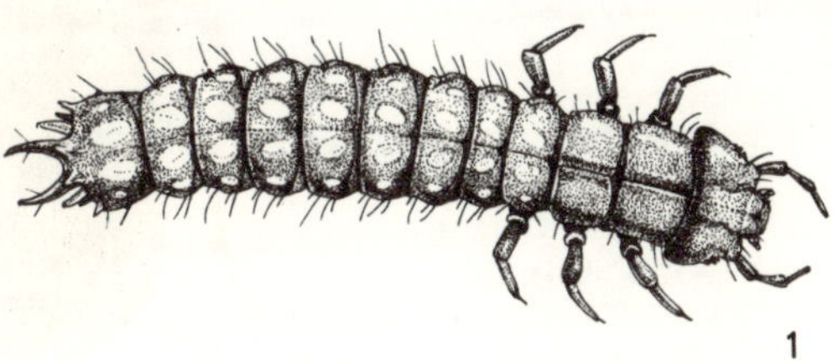

1

Byturus tomentosus Fabricius, 1775

La plus répandue des trois espèces européennes appartenant à la famille des Byturidés est *Byturus tomentosus*. Elle peuple l'ensemble de l'Europe, et on la trouve habituellement dans les régions de proche montagne ou vallonnées, et parfois dans les plaines. De couleur jaunâtre, mesurant environ 3 à 4 mm de long, ces Insectes sortent au printemps et en été et visitent différentes fleurs dont ils mangent le pollen. Parés de petites soies denses sur le corps, ils sont souvent entièrement recouverts de pollen et demeurent pratiquement invisibles sur les fleurs. En mai et juin, ils s'accouplent sur les fleurs et 2 à 3 semaines plus tard, la femelle pond ses œufs isolément sur les jeunes fruits et fleurs de Framboises, moins fréquemment sur ceux de Cassis. Pendant tout le mois d'août, elle pond un total de 100 à 120 œufs. La larve (1) qui éclôt après environ 8 jours, s'installe à l'intérieur du jeune fruit. Communément appelée Ver des Framboises, elle apparaît en très grand nombre et est parfois responsable de l'infestation à 100 % de la récolte de fruits. Elle est rose, molle et seuls la tête, les tergites du thorax et des segments abdominaux sont fortement sclérifiés (recouverts de chitine). Le neuvième (dernier) segment abdominal porte deux urogomphes en forme d'épine, sclérifiés et recourbés. Le développement larvaire dure 35 à 45 jours et on observe trois stades larvaires. La larve du dernier stade tombe du fruit et se nymphose dans le sol, à proximité de la surface. La nymphe vit environ 2 semaines et le nouvel imago hiverne dans une loge nymphale dont il ne sort qu'au mois de mai de l'année suivante.

Une autre espèce très commune, *Byturus aestivus*, était également considérée comme un ravageur des Framboises et du Cassis. Cependant, on a récemment découvert que sa larve se développe dans le fruit de la Benoîte (*Geum urbanum*). Comme chez *B. tomentosus*, l'adulte visite les fleurs dont il mange le pollen.

Apparentés aux Byturidés, les Coléoptères de la famille des Erotylidés vivent sur les champignons. La plupart d'entre eux peuplent les régions tropicales d'Amérique du Sud mais plus d'une vingtaine d'espèces vivent également en Europe. Elles sont

2

généralement soyeuses, ont des couleurs brillantes et un corps ovale, fortement bombé. La plus grande espèce européenne, *Triplax russica* (2) se rencontre principalement sur les champignons Polypores et sur les Pleurotes. Elle se caractérise par sa coloration rouille et noire. On la rencontre souvent en très grand nombre.

1

Cryptophagus dentatus Herbst, 1798

C'est un petit Insecte marron-roux, long de 2 à 2,5 mm et recouvert d'un manteau dense de petites soies. Il habite quasiment partout en Europe et au Japon, mais bien que très abondant, on le rencontre rarement du fait de ses mœurs discrètes, caractéristiques de la majorité des Cryptophagidés. Il affectionne les matières moisies et en décomposition, tels le mycélium des champignons situés sur le bois pourri et sous l'écorce morte, les vieux tas d'excréments, l'herbe pourrie, la paille, les vieux aliments, les nids d'Oiseaux, de Guêpes et d'Abeilles, les fourmilières, les vieilles fructifications des champignons, en bref, tous les endroits propices au développement de moisissures. Les adultes fréquentent ces matières et s'en nourrissent. On les rencontre presque toute l'année ; ils hibernent en hiver. La larve est blanche, et mis à part la tête et le dernier segment abdominal, son corps est très peu sclérifié (pratiquement dépourvu de chitine) et entièrement recouvert de longues soies hérissées et peu denses. Les pattes sont courtes et fines, et le dernier segment abdominal porte deux courts urogomphes arrondis. Une caractéristique intéressante de toutes les larves de Cryptophagidés réside dans leurs mandibules assymétriques. En effet, la mandibule droite s'orne généralement d'un plus grand nombre de denticules. Le développement larvaire très rapide ne compte probablement que 2 à 3 stades. La nymphe est elle aussi recouverte de poils longs ou hérissés, et le dernier segment abdominal se termine par deux urogomphes longs et fins.

1

Le genre *Cryptophagus* est très largement représenté. En Europe centrale par exemple, on ne dénombre pas moins de 60 espèces, parmi lesquelles des nuisibles des denrées alimentaires entreposées. Le genre se caractérise par la présence d'une dent ou d'une entaille sur le bord du pronotum, qui permet de le distinguer des autres genres de la famille des Cryptophagidés. Certaines espèces, comme *C. lycoperdi* (1), vivent dans les Vesses-de-loup où on les trouve en très grand nombre en compagnie de leurs larves à la fin de l'été.

Les membres de la très proche famille des Phalacridés ont un régime alimentaire spécialisé différent. Ainsi, les adultes de l'espèce *Stilbus testaceus* (2) mangent la rouille des Graminées, ainsi que les larves quasiment ovales qui vivent à l'intérieur de la gaine foliaire de ces Graminées.

2

Coccinelle à sept points Coccinellidés
Coccinella septempunctata LINNÉ, 1758 *Coccinellidae*

Bien connu, cet Insecte long de 6 à 7 mm peuple l'ensemble de la région paléarctique. Les points des élytres varient en fonction de la zone géographique. À quelques exceptions près, toutes les Coccinelles européennes sont prédatrices. Elles se nourrissent de Pucerons, Cochenilles, Araignées rouges, Poux des plantes, Mouches blanches, et parfois d'autres petits Arthropodes. La Coccinelle à sept points dévore essentiellement les Pucerons et se montre ainsi l'un des Insectes les plus utiles. Au printemps, la femelle dépose ses œufs, généralement en petits paquets, sur différentes parties de végétaux. Quelques jours plus tard apparaissent les larves colorées (1), dépourvues d'urogomphes. Chaque segment du corps est orné de petites protubérances hérissées de poils rigides et courts. Du fait de ses pattes assez longues, la larve est très agile pour poursuivre ses proies. Comme l'adulte, elle chasse les Pucerons, en détruisant plusieurs centaines pendant sa courte existence (6 semaines maximum). Elle subit quatre stades larvaires et se nymphose sur les plantes. La nymphe est une pupe emmaillotée et son extrémité anale est entourée de la dernière exuvie larvaire. Le stade nymphal dure 1 ou 2 semaines et le nouvel imago est d'abord jaune puis s'assombrit et acquiert sa couleur définitive quelques heures plus tard. Les adultes sont actifs et chassent leurs proies jusqu'au début de l'automne, période à laquelle ils se cachent pour hiverner dans les fentes des pierres, au pied des arbres, sous l'écorce et même dans les habitations, surtout dans les caves, les greniers et d'autres endroits non chauffés. Au printemps, ils reprennent leur activité dès les premières journées chaudes.

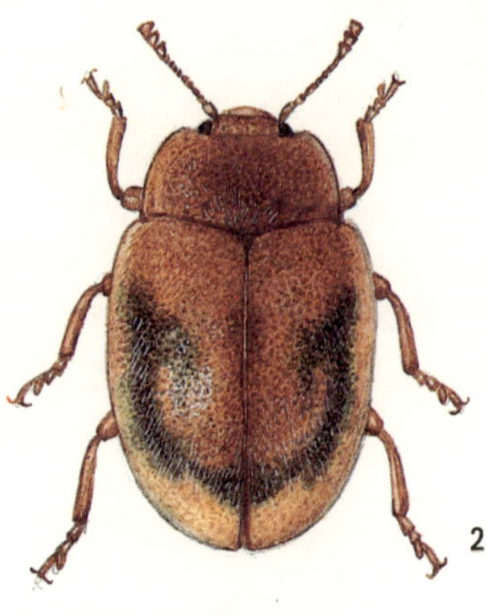

2

Des observations ont montré que la Coccinelle à sept points se nourrissait également des larves fraîchement écloses de Doryphore. Ceci explique la présence en grand nombre de ses larves sur les feuilles de Pommes de terre. La Coccinelle à sept points n'a pas beaucoup d'ennemis naturels car lorsqu'elle se sent menacée, elle exsude, par les articulations des pattes, un liquide jaune, amer et assez caustique qui repousse nombre de ses prédateurs. Certaines Coccinelles, telle *Rhizobius chrysomeloides* (2), sont petites, monochromes et donc assez discrètes.

1

Elles sont cependant très utiles car elles aussi chassent les Pucerons. Très abondante en Europe centrale et de l'Ouest, on peut la rencontrer en grand nombre pendant toute l'année, en compagnie d'autres Coccinelles non prédatrices mais se nourrissant du mycélium des champignons et des moisissures.

Coccinelle ocellée Coccinellidés
Anatis ocellata (LINNÉ, 1758) • *Coccinellidae*

Longue de 8 à 9 mm, c'est la plus grande Coccinelle européenne. Elle est ornée de taches typiques sur le pronotum et ses élytres rouge-brique portent des points noirs bordés de jaune. Cette espèce habite toute la région holarctique et existe en grand nombre dans tous ses habitats. Cependant, elle est plus abondante dans les régions de proche montagne et de montagne que dans les plaines, car elle vit habituellement sur des Conifères, les Sapins et les Épicéas notamment. C'est là qu'elle chasse les Pucerons, le plus souvent ceux du genre *Dreyfusia.* La femelle pond les œufs en paquets sous les aiguilles ou sur l'écorce des arbres également fréquentés par les Pucerons. Les larves éclosent 3 à 8 jours plus tard (selon la température) et traversent 4 stades larvaires au cours de leur développement qui dure environ 30 jours. La larve de la Coccinelle ocellée, robuste, atteint 18 mm de long à maturité, et est de couleur grise avec des taches noires teintées de jaune et rouge. Les segments abdominaux portent de grands tubercules coniques ou épineux et une pilosité relativement discrète. Les pattes sont remarquablement longues. Le stade nymphal dure 6 à 8 jours et les nouveaux adultes ont le corps mou, des couleurs fades et n'arrivent à maturité complète qu'après un temps assez long. Cette remarquable et jolie Coccinelle est aussi très utile. Du fait de sa grande taille, elle consomme 2 200 à 2 500 Pucerons ou œufs de Pucerons au cours de son développement. Malheureusement, des milliers de spécimens meurent sur les bandes adhésives utilisées pour déterminer la densité de population des Nonnes (*Lymantria monacha*) et des Bombyx du Pin (*Dendrolimus pini*).

1

Subcoccinella vigintiquatuorpunctata (1) est une des rares espèces de Coccinelles végétariennes. Présentant une assez grande variété, certains spécimens n'ont qu'une couleur et ne portent pas de taches. Certaines années, elle cause d'importants dégâts dans la Luzerne, le Trèfle et la Betterave sucrière. Les œufs de couleur jaune sont déposés en paquets sur les feuilles des plantes hôtes, et les larves, qui éclosent quelques jours plus tard, grignotent l'épiderme du dessous des feuilles ainsi que les tissus internes. Cependant, elles ne mangent

2

pas les tissus ainsi découpés mais en aspirent la sève et les laissent pendiller sous les feuilles. La larve (2) est large et aplatie et porte des appendices en forme de tubercules ou de mamelons, munis, de plus, de longs et épais organes épineux. Cette espèce compte parfois 2 à 3 générations par an.

Lathridius nodifer Westwood, 1839

Petit Insecte noir long de 1,5 à 5 mm, *Lathridius nodifer* présente des structures extrêmement intéressantes sur le pronotum et les élytres, uniquement visibles avec une loupe puissante. Il existe près de 20 espèces du genre *Lathridius* en Europe, mais il est possible d'identifier celle-ci au premier coup d'œil grâce aux grandes bosselures lisses à l'extrémité des élytres. *L. nodifer* peuple le monde entier. Elle se nourrit de moisissures et de mycélium de champignons ; on la rencontre donc principalement sous les écorces des arbres morts, dans les vieux tas de paille ou de foin, dans les composts, les nids d'Oiseaux, les terriers de Mammifères, voire même les nids de Bourdons, Guêpes et Fourmis. *L. nodifer* s'est également adaptée à la vie dans les habitations et les entrepôts, où elle envahit principalement les aliments moisis, s'installe sous les vieux linoléums, dans les greniers à blé, les scieries et les malteries. Les œufs sont déposés isolément sur le substrat dont se nourrissent les larves qui éclosent 5 à 7 jours plus tard. La larve blanche, molle, a le corps légèrement fuselé vers l'arrière, dépourvu d'appendices sur le dernier segment abdominal, et entièrement couvert de longs poils épars. Comme l'adulte, elle se nourrit de moisissures et de leurs spores. Le développement larvaire compte trois stades ; le dernier se fixe au substrat au moyen d'une sécrétion anale adhésive et reste dans cette position 2 ou 3 jours avant la nymphose. L'imago qui émerge a le corps de couleur très claire, presque blanc, et n'acquiert une teinte plus sombre qu'à l'issue de 7 à 10 jours. Le développement, de la ponte à l'adulte, est très court (27 à 32 jours) et il peut donc exister plusieurs générations par an.

1

Les membres de la famille des Endomychidés et des Lathridiidés ont des mœurs assez semblables. Les premiers regroupent environ trente espèces en Europe, le plus souvent de petite taille, au corps bombé et soyeux. Certaines, dont les membres des genres *Lycoperdina* et *Mycetina*, vivent dans les Vesses-de-loup et ont une coloration rouge et noir brillants. La plus grande espèce d'Europe, *Endomychus coccineus* (1), mesure 5 à 6 mm de long, et peuple les forêts peu fréquentées, généralement dans les régions de proche montagne.

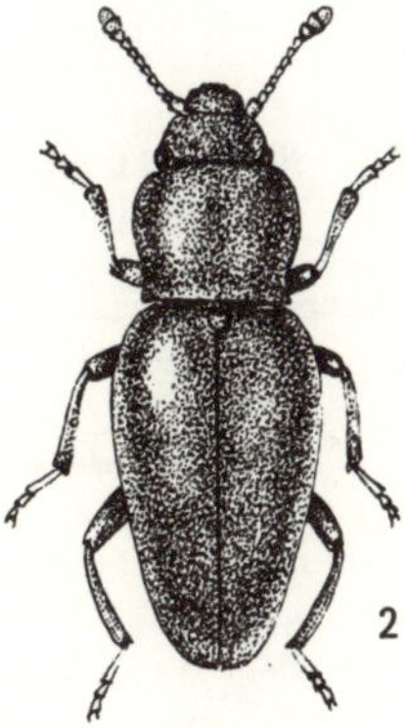

2

Par sa couleur, elle ressemble à une Coccinelle. Son régime alimentaire est constitué de moisissures. *Merophysia striatella* (2) appartient à une autre famille apparentée mais très peu connue, dont tous les membres sont myrmécophiles. *Merophysia striatella* peuple l'Europe du sud et fréquente le dessous des pierres, le plus souvent en compagnie des Fourmis des genres *Lasius* et *Myrmica.*

Colydium filiforme Fabricius, 1792

Long de 5 à 7 mm, cet Insecte très allongé, de forme cylindrique, peuple l'Europe centrale et méridionale. Appréciant les endroits chauds, il s'installe généralement sur les vieux Chênes solitaires exposés au soleil. Sur ces arbres, il se concentre dans les endroits dépourvus d'écorce (cicatrices), souvent criblés de milliers de trous aménagés par des Anobiidés, Scolytidés et Platypodidés. Les adultes sont apparemment carnassiers et chassent de petits Insectes xylophages, dans les terriers de ces derniers mais aussi en surface du bois. Actifs le soir et pendant la nuit, ils apparaissent en grand nombre par les chaudes soirées de printemps et d'été, grimpant avec agilité le long des troncs, le plus souvent sur les cicatrices des vieux arbres. À la poursuite de leurs proies, ils empruntent en rampant les galeries des Anobiidés, leur long corps cylindrique s'avérant parfaitement bien adapté à ce mode de vie et à cette façon de chasser. La larve est elle aussi allongée. Elle est pourvue d'une tête prognathe et de courts urogomphes sclérifiés (recouverts de chitine) terminant le dernier segment abdominal. Comme l'adulte, elle traque les larves et les adultes d'Insectes xylophages, essentiellement des Anobiidés et des Scolytidés, ainsi que des larves de Guêpes et d'Abeilles solitaires qui construisent leurs nids dans les vieux troncs. On a d'autre part observé que la larve de *C. filiforme* chasse les Coléoptères corticoles du genre *Xyleborus*. C'est donc un Insecte très utile.

1

Deux autres prédateurs d'Insectes fréquentent en grand nombre le dessous des écorces des arbres morts : l'espèce colorée *Bitoma crenata* (1), et l'espèce plus sombre, aplatie, membre le plus représenté en Europe de la famille des Colydiidés, *Cerylon histeroides* (2). Les larves des deux espèces partagent le même régime alimentaire, constitué de petits Insectes cachés sous les écorces, de Collemboles, etc. La famille des Colydiidés vit avant tout dans la zone tropicale et en Nouvelle-Zélande.

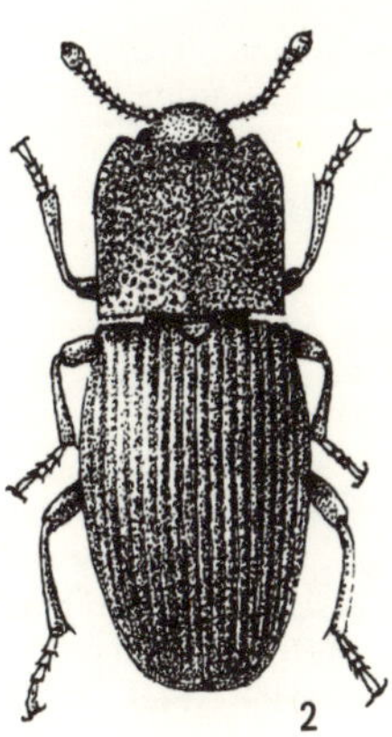

2

Cependant, il est possible, dans la région paléarctique, de rencontrer un certain nombre d'espèces qui, bien que petites, présentent une forme tout à fait intéressante. Très variées, elles sont aussi bien longues, cylindriques et arrondies, que plates, anguleuses et ornées de structures complexes et profondément sculptées. De nombreuses espèces sont également adaptées à des mœurs myrmécophiles.

La famille des Mycétophagidés compte environ 200 espèces cosmopolites, dont une vingtaine vivent en Europe. Le plus souvent petites et discrètes, elles vivent sur les champignons et les moisissures. L'espèce la plus grande (5 à 6 mm) et la plus abondante est *Mycetophagus quadripustulatus.* Les élytres sont ornés de taches orange de forme et de taille variables. Certains spécimens sont même entièrement noirs. Répartie dans toute l'Europe, cette espèce s'étend jusqu'à l'est de la Sibérie. On la trouve habituellement en grand nombre sur les spores de champignons Polypores, notamment sur *Fomes fomentarius*, et parfois également sur les champignons à lamelles. Ces Insectes consomment des spores de champignons, des moisissures et leurs spores. On les rencontre dans les régions de plaines jusque dans les zones de montagnes. Ils volent peu, mais courent très rapidement. Les larves ont un corps mou, grisâtre, légèrement fuselé à l'extrémité (1), et le dernier segment abdominal s'achève par deux urogomphes pointus, coniques et fortement sclérifiés (recouverts de chitine). Les plaques dorsales thoraciques et abdominales ont une teinte légèrement plus sombre. Les antennes sont étonnamment longues et les mandibules légèrement asymétriques. La larve a le corps recouvert de poils relativement longs, dispersés et presque hérissés.

M. quadripustulatus se distingue de l'espèce très voisine *M. quadriguttatus* par ses cinq derniers articles antennaires plus larges, alors que seuls les quatre derniers articles sont dilatés chez *M. quadriguttatus.*

2

Litargus connexus (2), long de 2,5 à 2,8 mm, est réparti dans toute la région paléarctique. Cette espèce est particulièrement abondante dans les bois des régions de proche montagne et dans les zones vallonnées. Les adultes et les larves vivent dans le bois moisi en décomposition, et sous les écorces des arbres morts, notamment des Hêtres. De plus, cette espèce présente une grande variété d'ornements, non seulement dans la forme mais aussi dans le nombre de taches des élytres et du thorax. On peut même parfois rencontrer des spécimens aux couleurs claires uniformes. Il y a

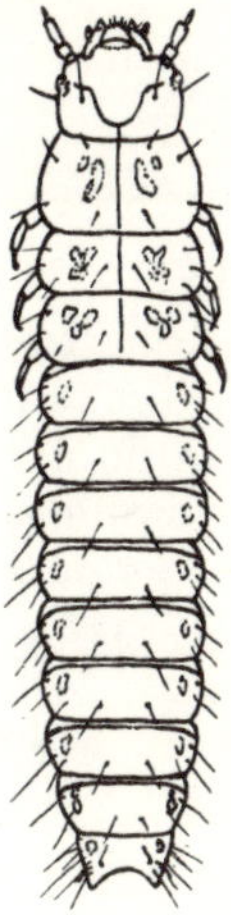

1

peu de temps encore, *L. connexus* était l'unique représentant du genre *Litargus* en Europe. Cependant, depuis quelques années, on a découvert en Autriche l'espèce originaire d'Amérique du Nord *L. balteatus*. On ignore comment elle fut introduite en Europe, mais elle s'est semble-t-il installée car on l'a déjà repérée dans différentes régions.

Blaps présage de mort,
 Scarabée puant ou **Sorcière de mort**
 Blaps mortisaga (LINNÉ, 1758)

Ténébrionidés *Tenebrionidae*

Le Blaps présage de mort, long d'environ 20 à 30 mm, est entièrement noir et terne. Ses élytres ont une extrémité arrondie. Lorsqu'il est dérangé, il adopte une pose rigide peu naturelle sur ses pattes tendues et exsude un liquide à l'odeur fétide au niveau de l'abdomen. Il est réparti dans l'ensemble de l'Europe centrale et méridionale, mais jamais à des altitudes très élevées en montagne et on le rencontre le plus souvent dans les vieux celliers, les granges et les étables, ou bien dans les endroits sombres et humides des vieilles maisons. Moins abondant dans la nature, il fréquente le dessous des pierres, des morceaux de bois et d'écorce pourris, ou bien encore dans les terriers de Mammifères. À l'instar de tous les Ténébrionidés, l'adulte a un régime alimentaire véritablement polyphage. Du fait de l'odeur typique nauséabonde et persistante qu'ils dégagent, les Coléoptères du genre *Blaps* n'ont pratiquement pas d'ennemis naturels. Les œufs sont pondus isolément et grâce à leur surface visqueuse, sont immédiatement recouverts de fragments du substrat sur lequel ils reposent. La larve (1) marron-rouille a le corps fortement sclérifié (recouvert de chitine) et ressemble au premier abord au Ver fil-de-fer des Élatéridés. Le dernier segment abdominal, de forme triangulaire, est pourvu d'une courte excroissance pointue. La première paire de pattes, plus longue que les deux autres, aide à distinguer la larve de *B. mortisaga* des Vers fil-de-fer. Comme l'adulte, la larve est omnivore et vit dans le même environnement que l'imago. Le développement larvaire peut durer jusqu'à deux ans, au cours desquels la larve mue 10 à 13 fois. Le nombre de mues dépend des conditions extérieures et de la quantité et qualité de la nourriture.

1

Le Blaps présage de mort est la seule espèce du genre *Blaps* témoignant une préférence pour les endroits humides. D'autres membres de ce genre sont des espèces xérophiles, typiques des steppes, et de nombreuses espèces non européennes vivent dans les zones désertiques et semi-désertiques, dont le Sahara et les déserts d'Asie centrale. Tous les membres de ce genre ont perdu la capacité de voler ; leurs élytres sont soudés. La majorité des espèces de *Blaps* ont des élytres se terminant par une excroissance épineuse et arrondie

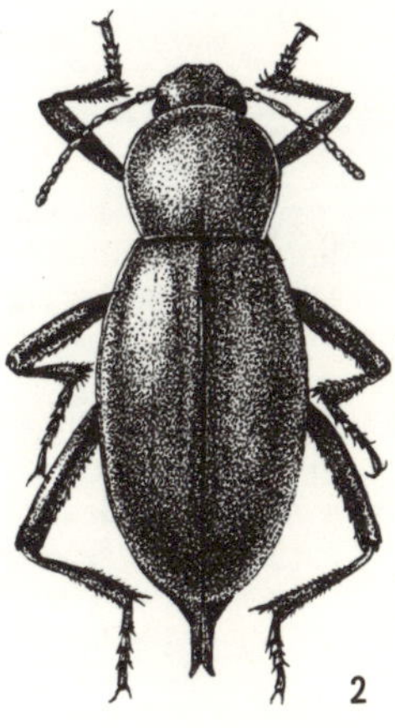

2

appelée mucron. Chez certaines espèces vivant dans le désert, cet organe est très long et en forme de cuillère, comme par exemple chez *B. gigas* (2), vivant dans la zone désertique du Proche-Orient, et qui, avec ses 50 mm de long, constitue un des plus grands Coléoptères du genre *Blaps*.

Ténébrion meunier ou **Ténébrion de farine** Ténébrionidés
Tenebrio molitor LINNÉ, 1758 *Tenebrionidae*

Pratiquement cosmopolite, c'est un des plus grands nuisibles et un des plus redoutés du fait des dégâts qu'il cause dans les denrées alimentaires entreposées, notamment dans la farine et les produits amylacés dérivés de la farine. Très rare dans la nature, cet Insecte de 12 à 18 mm vit dans les vieux arbres creux et sous l'écorce des arbres morts. Il est souvent attiré par la lumière et affectionne les excréments de pigeons qui souillent les greniers. La femelle pond les œufs isolément, sur le substrat dont se nourrira la larve. Le développement larvaire peut prendre de quelques mois à plus d'une année, selon la température et l'humidité du substrat. La larve mue 10 à 16 fois ; le stade nymphal dure 2 à 3 semaines. De plus, non seulement la larve consomme des produits amylacés dérivés de la farine, mais en plus elle les souille de ses déjections nauséabondes. Les larves sont jaunes ou brun-jaunâtre, de forme cylindrique, atteignent 2 cm de long et sont pourvues de deux urogomphes courts et pointus sur le dernier segment abdominal. Elles sont élevées artificiellement à grande échelle et servent d'aliment pour les Oiseaux en cage, les Poissons des aquariums et les animaux élevés en terrarium. Cependant, du fait de leur forte teneur en matières grasses, ces aliments ne sont pas recommandés pour les régimes quotidiens et doivent être associés avec d'autres. Les larves de *T. molitor* servent de matériel d'expérimentation physiologique.

L'Europe centrale abrite deux autres espèces du genre *Tenebrio,* mais aucune d'entre elles n'est devenue nuisible. Ces deux espèces recherchent une relative chaleur et vivent dans le bois vermoulu des vieux arbres creux, surtout les Chênes.

1

Tenebrio molitor n'est pas la seule espèce de Ténébrionidés à s'être adaptée à la vie dans les greniers à blé, les entrepôts et les habitations. Un des nuisibles le plus connu des céréales, farine et produits amylacés entreposés s'appelle *Tribolium destructor* (1). La larve (2) blanchâtre est pourvue de deux urogomphes sur le dernier segment abdominal. Depuis quelques années, cet Insecte n'a cessé de poser des problèmes toujours plus graves. En effet, ses œufs et ses larves sont tellement petits qu'ils parviennent même à passer au travers des tamis de farine, et ne sont pas immédiatement repérables à l'œil nu. De plus, la larve s'attaque non seulement aux produits dérivés de la farine, mais aussi au chocolat, à la viande fumée, aux fruits et champignons séchés, aux herbes et aux épices, y compris au poivre de cayenne pur.

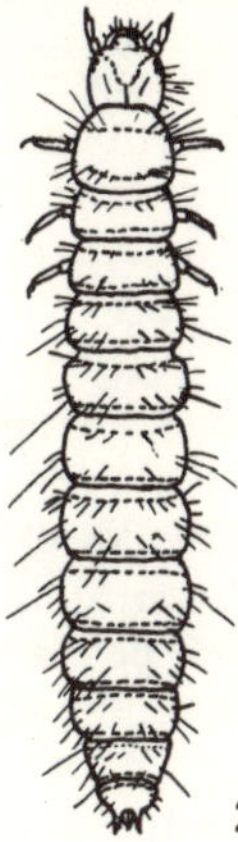

2

Diaperis boleti (LINNÉ, 1758)

Les nombreuses espèces de Ténébrionidés présentent une grande diversité de formes, et certaines d'entre elles ne ressemblent pas du tout à des Ténébrionidés. C'est le cas de *Diaperis boleti,* Insecte de 6 à 8 mm de long, au corps ovale, très bombé, répandu en Europe centrale et méridionale et dans le nord de l'Afrique. On le rencontre dans les endroits chauds, des plaines jusqu'au pied des montagnes ; il est de plus inféodé aux plantations de feuillus non exploitées par l'homme ou en tout cas anciennes. Sa couleur brillante, orange et noire, constitue une exception chez les Ténébrionidés, généralement de couleur unie et sombre. La disposition et la forme des dessins ornant les élytres varient très rarement. Cependant, exceptionnellement, certains spécimens peuvent avoir toute la moitié avant de l'élytre de couleur orange. Ces Coléoptères vivent dans les champignons se développant sur les arbres, notamment les Polypores mais aussi les Pleurotes et d'autres champignons sur le bois. Souvent, ces Insectes apparaissent en grand nombre et il est possible de les localiser dans la nature grâce à leur odeur très forte et pénétrante. On les trouve également dans le bois vermoulu car ils peuvent se suffire du mycélium des champinons xylophages. Les larves de *D. boleti* sont jaune blanchâtre; leur corps cylindrique se termine par deux petits urogomphes sur le dernier segment abdominal. Elles rappellent les larves de *Tenebrio molitor* et leur développement se déroule sur les fructifications des Pleurotes, sur lesquels la femelle dépose ses œufs au printemps, isolément ou en petits paquets. La larve mue au moins 10 fois au cours de son développement qui dure une année.

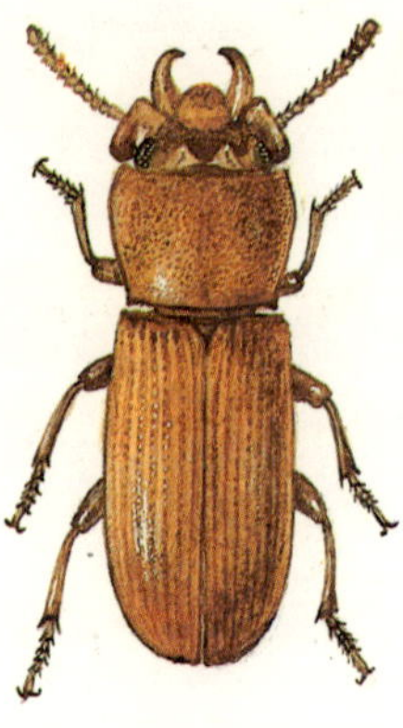
1

La famille des Ténébrionidés compte près de 15 000 espèces répandues dans le monde entier, mais en majorité dans les régions tropicales. Elle regroupe des Coléoptères de forme quasiment sphérique et d'autres qui sont allongés et cylindriques, des espèces au corps bombé et d'autres aux formes aplaties, des individus aux téguments lisses et d'autres ornés de riches sculptures. Certains ont même des mandibules anormalement grandes, telle l'espèce assez commune *Gnathocerus cornutus* (1), qui vit dans les céréales entreposées et cause parfois des dégâts dans les produits amylacés dérivés de la farine. L'espèce *Scaphidema metallicum* (2) a un corps fuselé ; elle est assez répandue

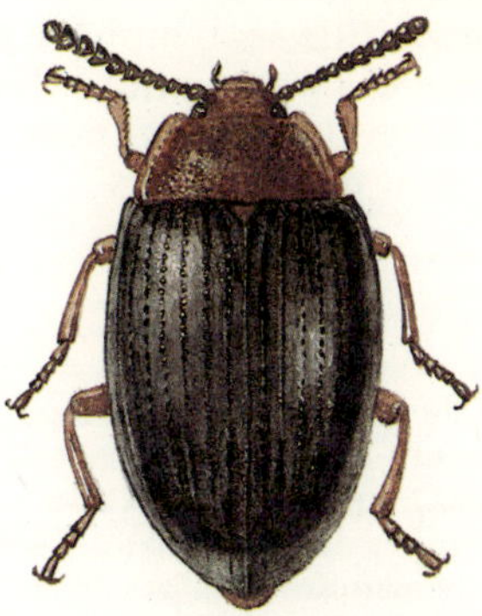

2

dans les régions chaudes d'Europe. Les formes adultes et larvaires vivent dans le mycélium des champignons xylophages. Un des Ténébrionidés le plus commun dans la nature est *Boletophagus reticulatus* (3), espèce parée de sculptures très visibles, qui se développe dans les Polypores, le plus souvent en colonie.

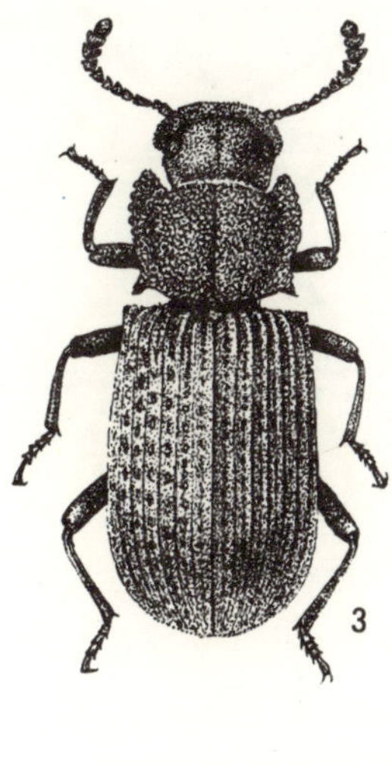

3

Omophlus lepturoides (Fabricius, 1787)

Cet Insecte vit dans les steppes arborées, principalement dans le sud de l'Europe, de l'Espagne à l'Asie Mineure. Discret, long de 11 à 18 mm, on le rencontre habituellement sur les fleurs en ombelles des herbes et des buissons, notamment celles d'Aubépine, dont il consomme le pollen. En Europe centrale et du Nord, *O. lepturoides* est remplacé par une espèce très proche, *O. proteus*. Ces Insectes s'accouplent sur les fleurs à la fin du printemps et peu après, la femelle pond 200 à 300 œufs dans le sol, isolément. Leur développement dure 15 à 20 jours et la larve grandit dans les couches superficielles du sol, à des endroits ensoleillés, ou simplement dans la litière en surface. Elle ressemble énormément aux larves de Ténébrionidés ou aux Vers fil-de-fer des Élatéridés. Son corps est cependant moins sclérifié (moins riche en chitine), et le dernier segment abdominal est légèrement conique à arrondi, et porte de minuscules urogomphes. Les larves mangent des déchets végétaux en décomposition. Cependant, dans certaines zones d'Europe méridionale, *O. lepturoides* est considéré en agriculture comme un nuisible relativement important car ses larves attaquent les racines de Luzerne et de Pommes de terre dans lesquelles elles creusent de petits orifices, et les infestent de diverses maladies cryptogamiques et bactériennes. On ignore le nombre de stades larvaires. La larve adulte mesure quelque 3 cm de long et hiverne dans le sol à 50 cm de profondeur environ. Elle se nymphose en avril dans un cocon ovale à 10 cm de la surface. La nymphose dure à peu près deux semaines, mais l'ensemble du développement peut se prolonger sur deux années si les conditions sont défavorables.

1

Du point de vue de l'évolution et de l'écologie, les Alléculidés sont apparentés aux Ténébrionidés, dont ils diffèrent par les griffes pectinées des tarses (les griffes des Ténébrionidés sont lisses). La plupart des membres de la famille des Alléculidés vivent dans le bois mort. Les larves des espèces vivant dans le bois sont habituellement dépourvues d'urogomphes et se nourrissent de champignons xylophages. Les adultes ont des mœurs crépusculaires et nocturnes, à la différence des Alléculidés endogés (voir *Omophlus*) qui sont actifs le jour. Répandu pratiquement partout en Europe, *Mycetochara humeralis* (1) est

2

un exemple typique d'Alléculidé vivant dans le bois.

Également apparentée aux Ténébrionidés et aux Alléculidés, la famille des Salpingidés compte un représentant typique, *Rhinosimus ruficollis* (2), remarquable par son prolongement céphalique en forme de long museau aplati. Commun dans toute l'Europe, il fréquente le bois moisi en décomposition.

Pyrochre écarlate
Pyrochroa coccinea LINNÉ, 1761

Pyrochroïdés
Pyrochroidae

Le Pyrochre écarlate adulte mesure 14 à 18 mm de long. Il a une magnifique couleur rouge écarlate. Il peuple l'Europe et la Sibérie, où on le rencontre dans les forêts des plaines inondables et les prairies boisées. Dans le sud de l'Europe, il fréquente les zones montagneuses élevées. Les adultes visitent les fleurs pour le nectar et le pollen. Cependant, on les rencontre souvent sur la végétation forestière, sur les souches et les troncs des vieux arbres. Le mâle se distingue de la femelle par les antennes finement pectinées (les antennes de la femelle ne sont que serratiformes, c'est-à-dire en dents de scie). Les œufs sont déposés au début de l'été dans des écorces d'arbres morts et des souches. Les larves carnassières éclosent deux semaines plus tard. Elles chassent tous les Insectes et leurs larves vivant sous les écorces, ainsi que les Escargots et les Vers de terre. Lorsque l'approvisionnement en nourriture s'avère insuffisant dans le proche voisinage, elles consomment même les plus jeunes larves de leur propre espèce. La larve (1) est remarquablement adaptée à la vie de prédateur sous les écorces. Aplatie et très agile, elle a une tête large, pourvue de mandibules puissantes et fortement sclérifiées. Le dernier segment abdominal est allongé et porte de longs urogomphes pointus. L'apparence de la larve rappelle celle des larves du genre *Cucujus* de la famille des Cucujidés (voir page 142). Voilà un exemple classique de convergence où deux espèces, totalement indépendantes au départ, se ressemblent du fait de la similitude de leur mode de vie. Le développement larvaire dure 2 à 3 ans ; la larve adulte peut mesurer 3 cm de long. Elle se nymphose sous l'écorce dans une loge nymphale au début du printemps. La nymphose dure 1 à 2 semaines.

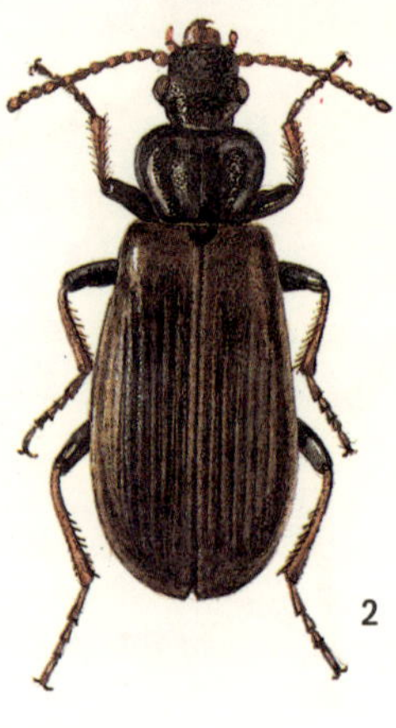

2

La famille des Pyrochroïdés n'est représentée en Europe que par 3 espèces. Moins abondante et aimant plus la chaleur, l'espèce *P. serraticornis* ressemble énormément à *P. coccinea*, excepté sa tête entièrement rouge. La troisième espèce européenne s'appelle *Schizotus pectinicornis*. Avec ses 8 à 9 mm de long, elle est la plus petite, mais aussi la plus abondante des trois. Son pronotum est de couleur sombre au milieu, les élytres sont bordés d'une strie longitudinale arrondie, et les antennes du mâle sont nettement pectinées. Sa couleur approche plus du rouge-jaune que du rouge écarlate.

Apparentée aux Pyrochroïdés, la famille des Pythidés, dont le plus grand représentant en Europe est *Pytho depressus* (2), vit principalement dans les forêts de Pins, sur l'ensemble du continent. La larve aplatie (3) est elle aussi adaptée aux mœurs prédatrices sous les écorces et dans les fissures de bois mort. On la rencontre le plus souvent sur les vieilles souches de Pins.

♂

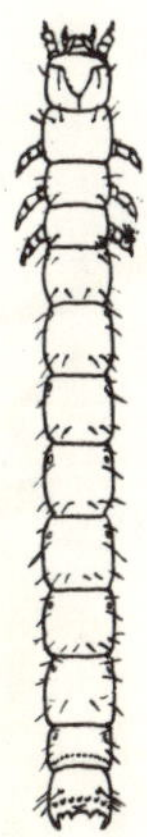

3

1

Serropalpus barbatus (Schuller, 1783)

Serropalpus barbatus est un Insecte au corps allongé, cylindrique, mesurant 8 à 18 mm de long. Il est largement répandu en Europe et en Sibérie. En Europe méridionale, on le trouve uniquement dans les régions de montagnes, alors que dans les régions plus septentrionales d'Europe et de Sibérie, il fréquente également les plaines. Les palpes maxillaires du mâle sont très allongés, en forme de feuilles, caractéristiques de tous les membres de la famille (d'où le nom latin de ladite famille). Les larves de toutes les autres espèces de Serropalpidés se développent dans le bois moisi et en décomposition, ou sur les champignons xylophages; seule la larve de *S. barbatus* se développe sur le bois dur, partiellement mort ou en train de mourir, des Épicéas et surtout des Sapins. Il peut également devenir un nuisible technique du bois. La femelle dépose les œufs à la fin de l'été dans les fissures des écorces et du bois sec et dur. Le développement dure de deux à plusieurs années, selon la qualité du bois, d'où la taille très variée des adultes. La nymphose a lieu en juin ou début juillet, dans une loge nymphale située juste sous la surface du bois et l'adulte émerge en juillet et août. Les trous de sortie, caractéristiques de l'espèce, sont absolument circulaires comme ceux de certains Siricidés. Les arbres infestés semblent avoir été criblés d'une multitude de petites balles. De mœurs nocturnes, les adultes se laissent souvent attirer par la lumière.

1

La famille des Lagriidés, représentée en Europe par cinq espèces uniquement, est très proche de la famille des Ténébrionidés. D'ailleurs, pour certains spécialistes, ces deux familles n'en forment qu'une. L'espèce européenne la plus commune est *Lagria hirta* (1), répandue dans toute l'Europe ainsi que dans le Caucase et la Sibérie. Ces Insectes ont le corps mou, légèrement sclérifié (recouvert de chitine), et recouvert de longs poils feutrés et denses. Les larves (2) de cette espèce se développent sous l'écorce des vieilles souches, des troncs déracinés ou dans le bois vermoulu et humide. Le développement dure une année, et les adultes mesurant 7 à 10 mm de long fréquentent la végétation forestière, les prairies et la végétation du bord de l'eau. Les régions tropicales abritent des dizaines d'espèces de grands Lagriidés étonnants, aux couleurs souvent métalliques. Chez certaines espèces, les élytres sont bombés, comme enflés.

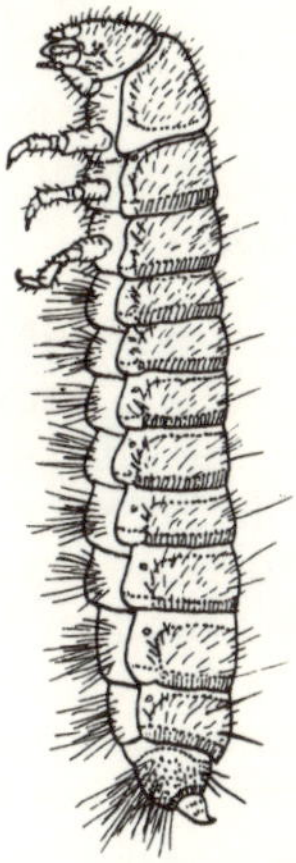

2

Hoshihanonomia perlata (Suker, 1776)

La famille relativement réduite des Mordellidés est représentée en Europe par quelque 40 espèces, dont la plus grande, *Hoshihanonomia perlata*, mesure 6 à 9 mm de long et a les élytres noirs ornés de taches blanches comme neige. Habitant de l'Europe centrale à l'ensemble de la Sibérie jusqu'en Extrême-Orient, elle peuple les régions vallonnées et de proche montagne. Le corps allongé et fuselé à l'arrière, légèrement bombé sur la face dorsale, est très convexe et caréné sur le ventre. De plus, l'abdomen se termine par une longue extrémité pointue. Les pattes sont fines et longues, les tarses (notamment ceux des pattes postérieures) sont beaucoup plus longs que les tibias. Sur une surface plane, *H. perlata* ne peut se déplacer que sur le côté du fait de son abdomen caréné. Dans cette position, ou bien avant de s'envoler en spirale dans les airs, l'Insecte remue les pattes d'avant en arrière très rapidement. Il s'envole d'un bond, et compte parmi les Coléoptères les plus rapides en vol. Les adultes visitent les fleurs, surtout celles des Ombellifères et des Composées. Ils se réchauffent parfois au soleil sur les feuilles ou les troncs d'arbres. La ponte a lieu au début de l'été, les œufs étant déposés dans les fissures d'écorce et de bois mort des feuillus, de Bouleau notamment. La larve (1) est blanchâtre et légèrement sclérifiée (recouverte de chitine). Seule, la tête orthognathe (dont la face est perpendiculaire à l'axe longitudinal) est brune et sclérifiée; le dernier segment abdominal, parfois légèrement plus foncé, porte de courts urogomphes pointus. Les pattes sont très courtes. Sur la face dorsale, les segments abdominaux de la larve apparaissent parfois bombés. Le développement de la larve dure un an et la nymphose se déroule au printemps.

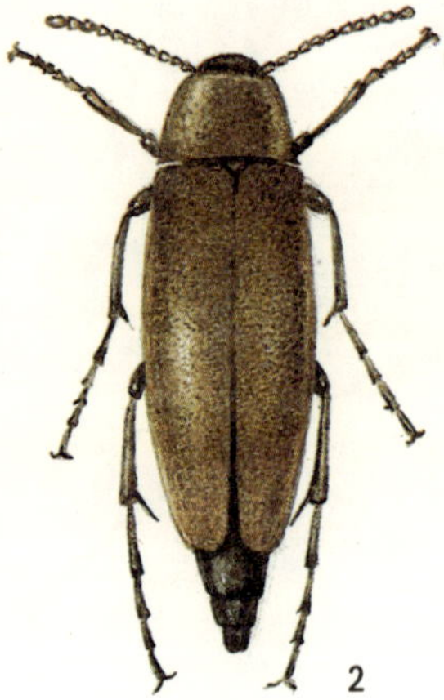

2

La plupart des espèces de Mordellidés se développent dans le bois mort mais encore dur, une minorité dans le bois pourri. Les larves de certaines espèces, dont celles du genre *Mordellistena*, croissent également dans les tiges et les racines desséchées des plantes herbacées. Encore récemment, les Mordellidés regroupaient plusieurs espèces qui forment aujourd'hui une famille à part entière — les Scraptiidés. Les membres de cette famille appartiennent principalement au genre *Anaspis* et ressemblent au premier abord aux Mordellidés, si ce n'est qu'ils ne possèdent pas l'organe abdominal épineux caractéristique de ces derniers.

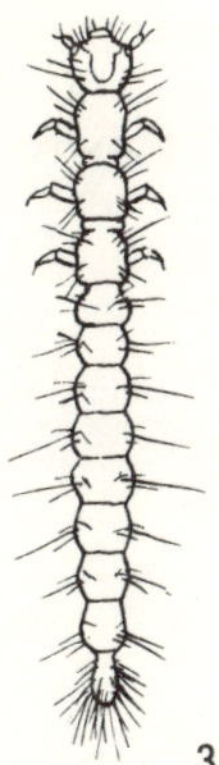

3

Une des espèces les plus communes en Europe est *A. frontalis* (2). On la rencontre pendant tout le printemps et au début de l'été, notamment sur les Ombellifères. Les larves des Scraptiidés (3) sont blanches, ont la tête brune, et ne sont que légèrement sclérifiées. Le dernier segment abdominal, long et ovale, est hérissé de longues soies.

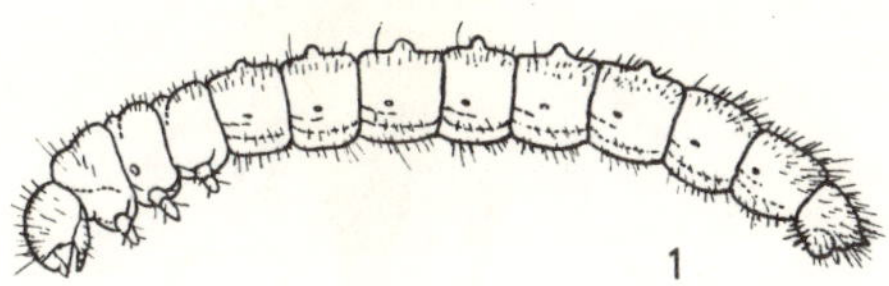

1

Metoecus paradoxus (Linné, 1761)

Metoecus paradoxus a les élytres légèrement tronqués, étroits et écartés aux extrémités. Il mesure 8 à 12 mm de long. Présent dans toute l'Europe et le Caucase, il peuple les plaines jusqu'aux zones de proche montagne, principalement les régions vallonnées. La femelle est habituellement dotée d'élytres noirs et d'antennes courtes et pectinées unilatéralement. Le mâle, lui, a des élytres orange ou rouge-brun et de longues antennes bipectinées. Le développement, hypermétamorphose classique, se déroule dans le nid de Guêpes endogées. Les œufs sont déposés à la fin de l'été dans des fissures de bois mort dont les Guêpes emporteront des fragments pour construire leur nid l'année suivante. Le premier stade larvaire — un triongulin de 0,5 à 0,75 mm de long — éclôt au début du printemps. Ses longues pattes sont munies de ventouses ; il est très actif. Il attend dans le bois qu'une Guêpe le transporte dans son nid, où il cherchera activement une cellule habitée par une larve adulte. Il y pénètrera et se développera en endoparasite à l'intérieur du corps de la larve de Guêpe, à un rythme très rapide; la larve reste vivante pendant tout ce temps. Puis, la larve de Coléoptère creuse une ouverture dans le thorax de la larve hôte, sort, mue et rebouche le trou avec son exuvie. Elle s'enroule ensuite autour du thorax de la larve de Guêpe et se transforme en ectoparasite, car elle ouvre un nouvel orifice sous la tête de cette dernière et aspire les parties molles de l'organisme hôte. La deuxième et la troisième mue se produisent peu après. C'est au cours de la dernière que la larve de Coléoptère dévore entièrement la larve de Guêpe, excepté l'appareil buccal sclérifié. La nymphose se déroule dans la cellule de la larve parasitée, que cette dernière a eu le temps d'obturer. Les adultes apparaissent en été et ne se nourrissent pas.

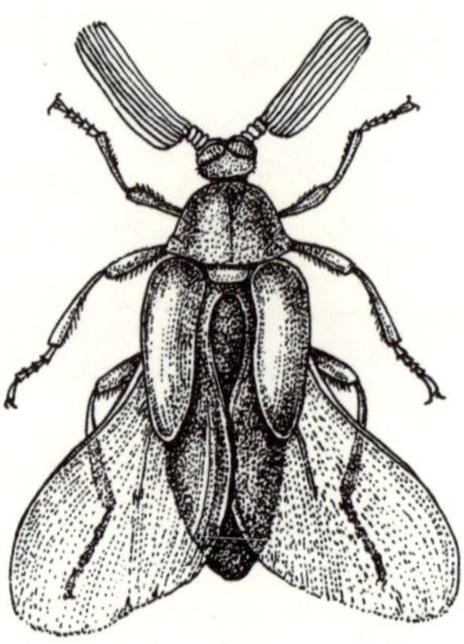

2

Même si *Metoecus* parasite les Guêpes, il ne cause pas de gros dégâts dans les nids car il ne s'attaque qu'à une seule larve pour se développer. Il est intéressant de noter que les Coléoptères quittent la cellule de la Guêpe deux jours après l'apparition des formes adultes de ces dernières. En effet, les cellules parasitées sont immédiatement repérées du fait de leur couleur plus claire et de leur opercule plat. Il existe près de 400 espèces appartenant à cette famille ancienne. D'après ce que l'on sait aujourd'hui, toutes vivent en parasites d'autres Insectes. Cinq espèces sont représentées en Europe; en Europe

♂

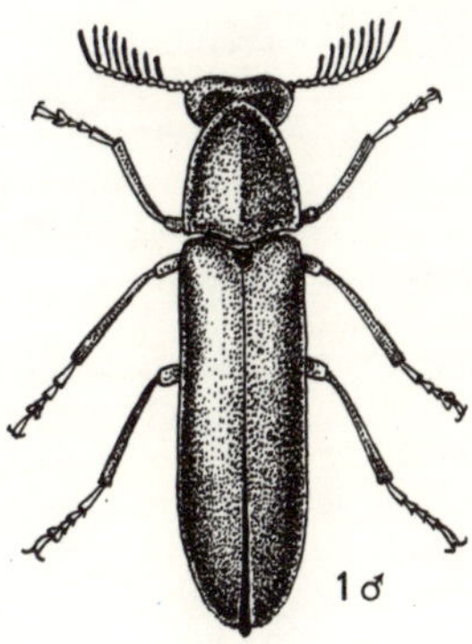

1 ♂

centrale, en plus de *Metoecus paradoxus*, on compte également *Pelecotoma fennica* (1), dont la larve parasite les larves d'Anobiidés, ainsi que l'espèce très rare *Rhipidius subdipterus* (2), dont la larve grandit à l'intérieur de la nymphe d'*Ectobius sylvestris.* Les espèces d'Europe méridionale se développent dans les oothèques (capsule contenant les œufs) de Criquets et les nids d'Abeilles solitaires.

Meloë variegatus (Donovan, 1776)

Cet Insecte aux couleurs irisées mesure 11 à 38 mm de long et habite les régions chaudes d'Europe centrale et méridionale. Les élytres nettement tronqués et laissant l'abdomen découvert constituent une caractéristique de toutes les espèces du genre *Meloë*. L'abdomen est moins développé chez le mâle. Les adultes apparaissent dès le début du printemps dans les steppes, les steppes arborées et sur les talus exposés au soleil. Lorsqu'ils sont dérangés, ils exsudent des gouttes d'hemolymphe jaunâtre et toxique à différents endroits du corps, notamment aux articulations des pattes. Cette substance repousse les ennemis. Le cycle de développement de *M. variegatus* est un exemple classique d'hypermétamorphose. Les œufs sont déposés en paquets, juste sous la surface du sol, et la femelle pond 10 000 œufs au cours de son existence. La larve active du premier stade larvaire (triongulin — 1) grimpe sur les fleurs où elle attend l'arrivée d'une Abeille du genre *Anthophora* ou *Andrena*, à laquelle elle s'accroche pour se faire transporter jusqu'au nid. Là, le triongulin dévore les œufs de son hôte puis mue, et le deuxième stade larvaire se nourrit du miel stocké dans la cellule pour la larve d'Abeille. Après avoir consommé le miel, la larve mue une seconde fois puis abandonne le nid de son hôte. Une fois hors du nid, elle mue une nouvelle fois et ce stade larvaire traverse une période de repos pendant laquelle il ne se nourrit pas et hiberne. Après la dernière mue au printemps, la larve redevient active puis entre en nymphose. Malgré la complexité et la précarité de ce mode de développement, le très grand nombre d'œufs permet d'assurer qu'au moins quelques larves parviendront à maturité complète et donneront le jour à une nouvelle génération.

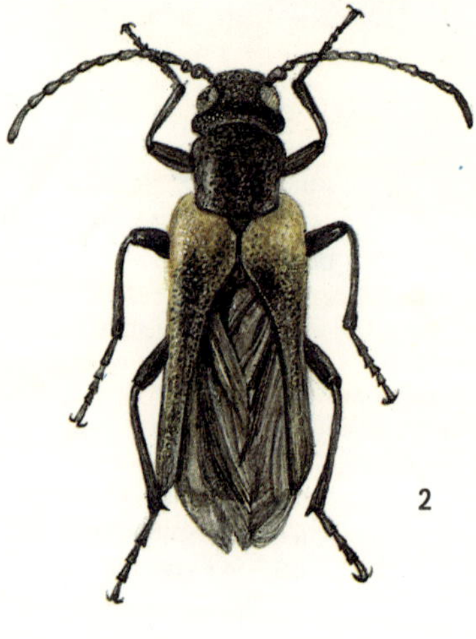

2

Le genre *Meloë* est représenté en Europe centrale par une quinzaine d'espèces dont le développement est très voisin. Excepté l'espèce rare *M. autumnalis*, qui apparaît dans la nature à l'automne, on ne les rencontre toutes qu'au tout début du printemps.

L'espèce *Sitaris muralis* (2) a les élytres légèrement tronqués mais surtout très étroits. Elle se développe dans les nids des Abeilles solitaires construits dans les lœss humides et les talus riches en terreau. C'est à proximité de ces talus ou près des carrières de sable ou des briqueteries abandonnées que l'on rencontre cette espèce termophile d'Europe méridionale. Son développement est identique à celui des Coléoptères du genre *Meloë*, mais la ponte a lieu à côté du nid des espèces hôtes à l'intérieur duquel les triongulins pénètreront par leurs propres moyens.

1

♀

Epicauta erythrocephala (Pallas, 1776)

Toutes les espèces de Méloïdés n'ont pas les élytres tronqués ou modifiés; la majorité sont pourvus d'élytres normalement développés, bien que moins sclérifiés (recouverts de chitine) que chez les autres Coléoptères. Tel est le cas du genre *Epicauta* vivant principalement dans les régions semi-désertiques et désertiques d'Afrique et d'Asie. Arrivée en Europe par le sud-est, l'espèce *E. erythrocephala*, vivement colorée, mesure jusqu'à 20 mm de long. On la trouve depuis l'Iran et l'Asie Centrale jusqu'aux Balkans, voire même à l'Europe centrale. Les adultes sont végétariens et sont considérés comme de graves fléaux de l'agriculture, surtout lorsqu'ils se manifestent en masse. Ils grignotent les feuilles des cultures, principalement de Pommes de terre, Luzerne, Moutarde, Tabac, Concombres, Melons, Gourdes, Haricots, etc. Au Proche-Orient, on a observé des invasions de ces Insectes capables alors de couvrir et dévorer 10 hectares de cultures. Une telle explosion de population et les effets catastrophiques qu'elle entraîne, ne peut se produire que dans les régions semi-désertiques du Proche et du Moyen-Orient et en Asie Centrale, car c'est là que vit en grand nombre le Criquet hôte, dont les oothèques (capsules contenant les œufs) hébergent les larves parasites de *E. erythrocephala*. Ces hôtes sont essentiellement *Gomphocephalus sibiricus*, Criquet du genre *Calliptamus*, et *Locusta migratoria*. En Europe centrale et méridionale, on ne rencontre que rarement *E. erythrocephala*, généralement sur différents types de fleurs. Mais à aucun moment, son nombre n'atteint les niveaux pléthoriques dramatiques des régions semi-désertiques qui constituent le biotope idéal pour les espèces hôtes de Criquets.

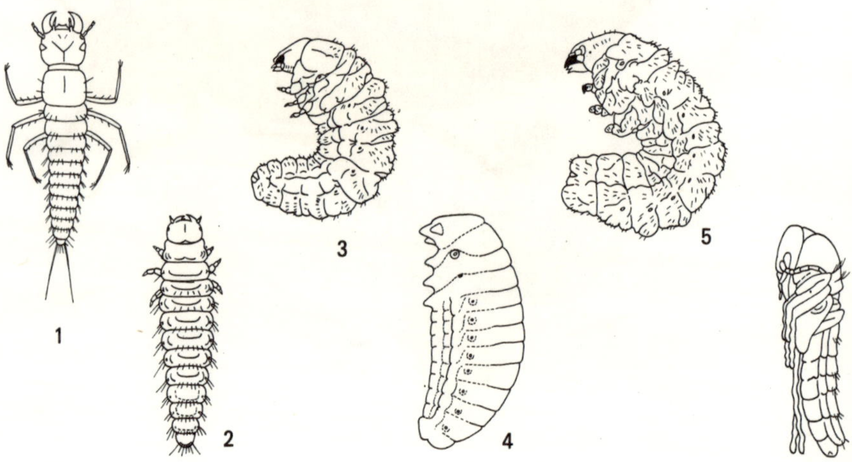

La femelle de *E. erythrocephala* dépose ses œufs en paquets dans le sol, juste en surface. La larve fraîchement éclose du premier stade larvaire (triongulin — 1) recherche activement les oothèques enterrés des Criquets et pénètre à l'intérieur. Elle se transforme alors en un stade actif connu sous le nom de stade caraboïde (2), puis en un second stade actif dit stade scarabidoïde (3). Après avoir consommé et vidé le contenu de l'oothèque, elle l'abandonne et creuse un terrier secondaire, dans lequel elle traverse un stade quiescent, de repos. Ensuite, elle se transforme en une pseudo-nymphe (4), forme sous laquelle elle hiberne. Au printemps, cette pseudo-nymphe mue et apparaît alors le dernier stade ou stade scolitoïde (5), de nouveau actif et qui finalement entre en nymphose (6). Les adultes apparaissent de juin à août.

Mouche d'Espagne, Cantharide officinale ou **Cantharide vésicante** — Méloïdés

Lytta vesicatoria (LINNÉ, 1758) — *Meloidae*

La Mouche d'Espagne mesure 12 à 21 mm de long et présente une coloration vive vert-doré métallique. Elle peuple les régions chaudes d'Europe, et plus à l'est, son habitat s'étend à l'Asie Centrale où elle constitue une sous-espèce tout à fait typique avec sa large bande jaune descendant le long de chaque élytre, du sommet aux extrémités. Le corps de cet Insecte contient un alcaloïde extrêmement toxique, la cantharidine (C_{10} H_{12} 0_4), dangereux même en petite quantité car il peut provoquer des lésions irréparables, notamment au niveau des reins. Ce sont les élytres qui contiennent la plus grande quantité de poison. Pour cette raison, ils étaient jadis broyés et vendus sur les marchés pour leurs puissantes vertus aphrodisiaques. Cependant, on a découvert rapidement les effets nocifs de cette «potion d'amour», même si des extraits de cet Insecte étaient encore utilisés récemment sous forme de pansement. Enfin, il a été prouvé que les extraits de Mouches d'Espagne entraient pour une bonne part dans la composition d'*aqua tofana*, en d'autres termes le célèbre poison des Médicis. Les adultes sont végétariens et consomment en majorité des feuilles de Frêne, Lilas et Troène. Quand un grand nombre de spécimens se concentre sur le même arbre, ils parviennent à le défeuiller en très peu de temps. Dans de tels cas d'invasion massive, la présence des Coléoptères peut se détecter de loin à l'odeur tenace et désagréable qu'ils dégagent. Les œufs sont pondus près des nids des espèces hôtes d'Abeilles, les triongulins pénétrant eux-mêmes dans le nid. Là encore, leur développement est un cas classique d'hypermétamorphose comprenant tous les stades existant chez les autres espèces de Méloïdés. Les adultes apparaissent fin mai ou en juin.

1

Le genre *Mylabris* regroupe plusieurs centaines d'espèces vivant dans les steppes et les régions semi-désertiques et désertiques de l'hémisphère Nord et du sud de l'Afrique. Toutes sont noires et jaunes, ou noir et rouge vifs, afin d'avertir d'éventuels ennemis, et toutes contiennent des poisons efficaces. L'espèce *M. quadripunctata* (1) peuple l'Europe centrale et méridionale, ainsi que l'Asie Mineure. Le développement larvaire se déroule à l'intérieur de l'oothèque de différents Criquets. L'aspect extérieur des mâles du genre *Cerocoma* est véritablement étrange, car ils sont pourvus d'antennes

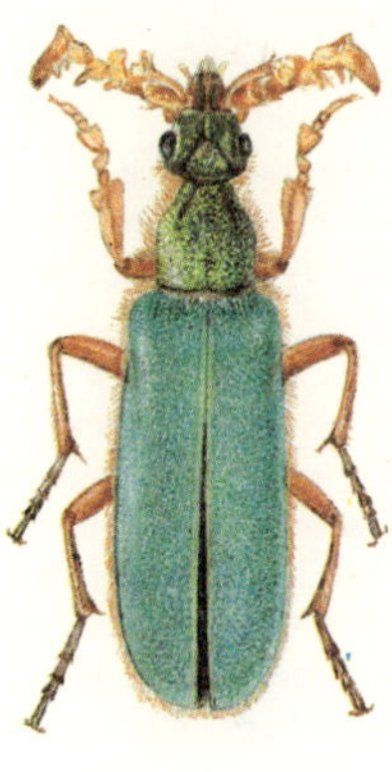

2 ♂

curieusement modifiées. Celles des femelles sont légèrement plus épaisses à leur extrémité. L'espèce commune d'Europe méridionale *C. schreberi* (2) se développe dans les nids des Sphécodes (Abeilles) des genres *Tachytes* et *Tachysphex*, dans lesquels les larves se nourrissent de Criquets anesthésiés prévus comme aliments pour les larves des Abeilles.

Oedemera femorata (Scopoli, 1763)

C'est un des plus communs Coléoptères d'Europe. Il fréquente les plantes en fleurs. Long de 8 à 10 mm, il est de couleur jaunâtre et a le corps très peu sclérifié (pratiquement dépourvu de chitine). Son habitat embrasse toute l'Europe excepté la Scandinavie, et s'étend vers l'est jusqu'à la mer Caspienne. Ses biotopes favoris comprennent les chaudes steppes arborées, ainsi que les talus ensoleillés dans les régions de plaines. Les adultes mangent du pollen et visitent plus particulièrement les fleurs blanches. Cependant, il semble fort probable qu'ils complètent leur régime alimentaire en aspirant la sève qui s'écoule des arbres et des arbustes blessés. Chez les deux sexes, les élytres mous se terminent en fuseau et sont séparés par un léger sillon. Les ailes membraneuses demeurent nettement visibles car les élytres un peu tronqués ne les recouvrent pas totalement. Le mâle est identifiable au premier coup d'œil grâce à l'extrémité épaissie des fémurs. Les pattes des femelles ont une forme normale. Les larves se développent à l'intérieur des tiges et des racines mortes des plantes herbacées poussant dans les steppes et les steppes arborées. On ignore le nombre de stades larvaires. La larve blanche a le corps mou et cylindrique, dont seule la tête brune présente une sclérification (richesse en chitine) plus poussée (1). Il faut un an à la larve pour se développer. Le dernier stade larvaire hiberne et se nymphose au printemps. L'imago sort à la fin mai et en juin.

Les mâles de certaines espèces du sud de l'Europe, dont le genre *Anoncodes*, sont pourvus de fémurs épais sur les pattes antérieures. Certaines espèces présentent également un dichroïsme sexuel marqué.

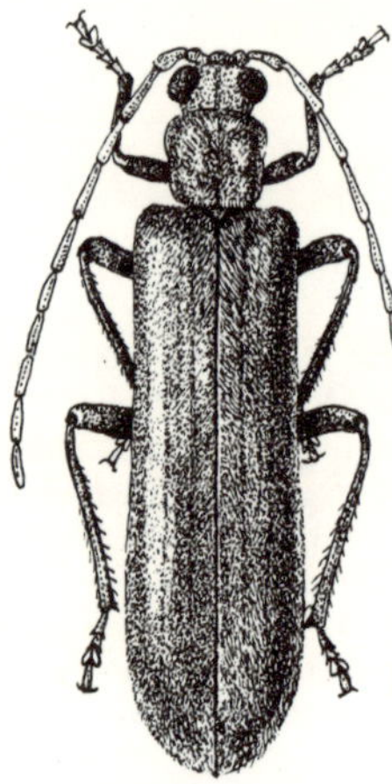

2

La grande majorité des Coléoptères de la famille des Oedémérids ne sont actifs que par les belles journées ensoleillées. Seul, *Calopus serraticornis* (2), est une espèce typiquement crépusculaire et se laisse souvent attirer par la lumière. Cet Insecte au corps allongé (18 à 20 mm de long) ne ressemble même pas à un Oedéméridé et rappelle plutôt certains Longicornes. Réparti dans toute l'Europe, et de la Sibérie à l'Extrême-Orient, on le trouve sur les Épicéas, dans lesquels la larve se développe. Il semble que l'adulte n'absorbe aucun aliment. Les larves d'Oedémérides ne jouent pas un rôle économique important car elles ne consomment que du bois mort ou des plantes herbacées.

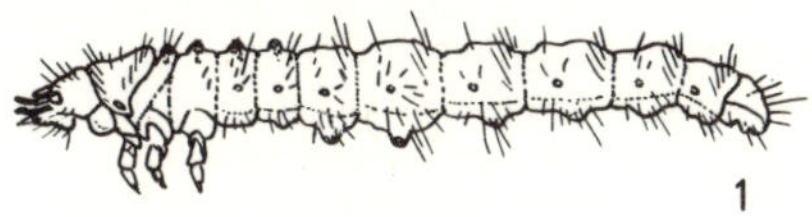

1

Capricorne ouvrier ou **Grand Capricorne** — Cérambycidés
Cerambyx cerdo (LINNÉ, 1758) — *Cerambycidae*

Long de 25 à 55 mm, *Cerambyx cerdo* est le plus grand Longicorne d'Europe. Chez le mâle, les antennes sont même plus longues que le corps. On le trouve dans les endroits chauds des vieux bois de feuillus poussant dans les plaines sur tout le continent. C'est dans les Chênes, mais aussi dans d'autres feuillus, que les larves se développent. L'adulte est phytophage et grignote le feuillage des plantes hôtes. Lorsqu'un danger survient, il stridule puissamment en frottant le bord postérieur du pronotum contre la base des élytres. Ces Insectes sortent en masse pendant les chaudes soirées de juin, et après la tombée de la nuit. Pendant le jour, ils restent invisibles dans leurs trous de sortie sous l'écorce ou à la cime des arbres. La femelle pond les œufs dans l'écorce ou dans les plaies des arbres. La larve, longue de 2 à 4 mm, éclôt environ deux semaines plus tard et commence à percer des trous dans l'écorce morte, trous qui peuvent atteindre 2 cm de profondeur à la fin de l'annee, à l'issue de la première mue. La larve hiberne dans l'écorce et continue à se nourrir au printemps; vers le milieu de l'année, elle se fraye un chemin dans le phloème (tissu conducteur de la sève élaborée) et le bois et provoque bien souvent des écoulements de sève à ces endroits. Après avoir hiberné une seconde fois, elle arrive au terme de sa croissance (7 à 9 cm de long) (1) et cesse de s'alimenter au milieu de l'été. Le nombre de stades larvaires n'est pas constant. La larve creuse en profondeur dans le bois jusqu'à ménager une loge nymphale en forme de crochet. Le stade nymphal (2) dure 5 à 6 semaines. L'imago hiberne dans la loge et y reste jusqu'au mois de juin de l'année suivante. Le développement de cet Insecte s'étale donc sur trois années. Cependant, il arrive très fréquemment qu'il se prolonge sur cinq ans, du fait du dessèchement progressif des arbres atteints.

Les vieux arbres solitaires exposés au soleil sont les plus souvent infestés par *Cerambyx cerdo*, principalement au pied du tronc. Puis les nouvelles générations progressent en vagues successives vers le haut de l'arbre. *C. cerdo* a de nombreux ennemis naturels, notamment des moisissures et des Insectes parasites, dont les Ichneumonidés et les Chalcidés. Parmi les autres, on compte les Piverts et surtout toutes les espèces de Hiboux, qui affectionnent particulièrement ce Longicorne qu'ils détruisent lorsque ce dernier commence à pulluler. Les dégâts causés par cet Insecte sur les vieux

2

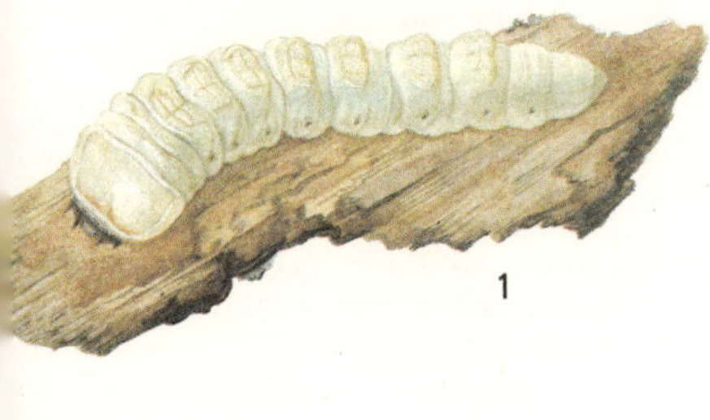

1

arbres, notamment les Chênes, se situent à deux niveaux : physiologiquement, du fait de l'interruption des tissus conducteurs de l'arbre, et techniquement, car les trous profonds creusés dans le bois par de nombreuses générations d'Insectes rendent l'arbre totalement impropre à la commercialisation.

Rosalie des Alpes Cérambycidés
Rosalia alpina (LINNÉ, 1758) *Cerambycidae*

La Rosalie des Alpes est un des plus beaux Coléoptères d'Europe. Il se manifeste partout en Europe centrale, méridionale et orientale ainsi que dans le Caucase. Ce merveilleux Insecte soyeux, long de 15 à 38 mm, est un habitant typique de la zone de végétation des Hêtres et on le rencontre jusqu'à 1 000 m d'altitude. Sur les côtes de la mer Noire, son habitat s'étend pratiquement jusqu'au niveau de la mer — sur les Charmes, bien que de façon exceptionnelle. Les élytres s'ornent de motifs noirs extrêmement variables, qui dans de rares cas, sont réduits, mais bien plus souvent s'étalent jusqu'à recouvrir entièrement l'élytre qui devient noir, orné de taches claires à la base et sur le bord postérieur. L'adulte est phytophage. Il grignote le feuillage de la plante hôte et aspire la sève s'écoulant des plaies des arbres. Les œufs sont déposés dans des fentes de l'écorce et du bois des Hêtres mourants. Le développement s'étale sur plusieurs années (en fonction de la qualité de la nourriture), et la larve arrivée au terme de sa croissance (1) entre en nymphose dans une loge nymphale incurvée située près de la surface du bois. La Rosalie des Alpes fait partie des nombreux Coléoptères menacés et doit donc être protégée. Ces dernières années, sa population a rapidement décru dans tous les endroits, principalement à cause de l'enlèvement des troncs morts mais toujours dressés, ainsi que de l'arrachage des souches de Hêtres, seuls lieux où la larve peut effectuer un développement complet. En effet, les troncs et souches de Hêtres tombés à terre se décomposent à une telle vitesse que la larve n'a pas le temps d'achever son développement, et se trouve de plus attaquée par toutes sortes de moisissures et champignons.

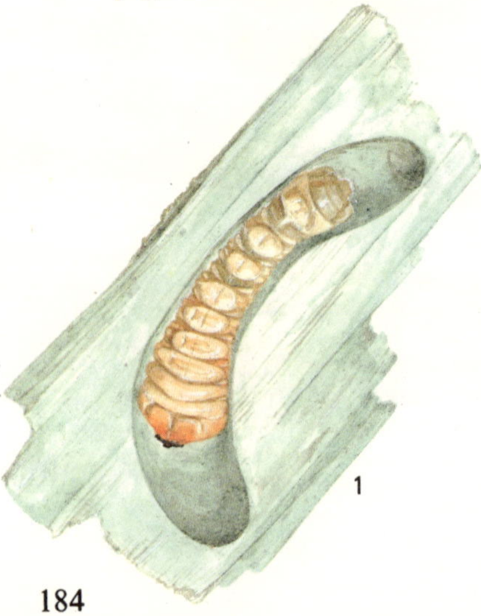

1

Les troncs de Hêtres abattus et laissés en forêt pendant les mois d'été font également beaucoup de tort à cette espèce. En effet, la femelle est irrésistiblement attirée par les coupes fraîches ainsi que par les troncs exposés au soleil, et vient y déposer ses œufs. Bien sûr, les larves qui éclosent par la suite n'ont aucune chance de vivre lorsque ce bois est enlevé puis traité.

Malheureusement, ces Insectes sont également attirés par les différents pièges de phéromones destinés à attraper les Scolytidés et dans lesquels ils viennent mourir en grand nombre.

2

Enfin, *R. alpina* a de nombreux ennemis naturels. Comme *Cerambyx cerdo*, elle est attaquée par toutes sortes de moisissures et champignons. De plus, elle se fait dévorer par les Piverts ainsi que par de petits Rapaces et Oiseaux insectivores au moment de la période d'essaimage. En Asie du Sud-Est vit une version orange de *R. alpina*, dont le nom est *Eurybates dejeani* (2).

Dorcadion scopoli (Herbst, 1784)

Dorcadion scopoli n'est pas une espèce rare, mais on la remarque peu du fait de ses mœurs discrètes. Cet intéressant Coléoptère mesure 10 à 13 mm de long et peuple l'Europe centrale et orientale, ainsi que les Balkans où il vit dans les steppes vierges et protégées, sur les versants chauds et quasiment arides ainsi que dans les pâturages. L'essor de l'agriculture est à l'origine de l'isolement des populations de *D. scopoli.* En effet, comme tous les autres membres du genre *Dorcadion,* cette espèce est aptère et a l'abdomen caché sous les élytres fusionnés. Elle est donc incapable de s'envoler pour quitter les endroits isolés où elle se trouve confinée. Pendant les heures chaudes de la journée, les adultes courent avec agilité sur le sol et grignotent différentes plantes, notamment des Graminées. Au début du printemps, les œufs sont déposés dans le sol à proximité du collet des racines de ces Graminées dont vont se nourrir les larves. Les larves, qui éclosent 17 à 20 jours plus tard, se distinguent des autres larves de Longicornes par leurs pattes courtes mais bien développées. Elles s'attaquent aux racines des Graminées, et on les soupçonne également de manger les racines de Betteraves sucrières. Dans des conditions normales, le développement s'étale sur deux ans; on ignore le nombre de stades larvaires. Arrivée au terme de sa croissance à la fin de l'été de la seconde année, la larve entre en nymphose. L'adulte apparaît 2 à 3 semaines plus tard, mais reste dans la loge nymphale où il hiberne. Très souvent, il rampe vers la surface du sol et sort dès les premières chaudes journées d'avril. La couleur des femelles de *D. scopoli* varie beaucoup plus que celle des mâles. Ceci reste vrai pour toutes les espèces du genre *Dorcadion.*

1

On connaît, sur toute la planète, plus de 30 000 espèces de Longicornes, dont la majorité vit dans les régions tropicales. Elles varient énormément en taille, regroupant de véritables espèces naines ne dépassant guère 2,5 mm de long, mais aussi la plus grande espèce de Coléoptère du monde, *Titanus giganteus,* au Brésil, qui peut atteindre une longueur de 22 cm. La gamme des formes et des couleurs est absolument extraordinaire, aussi bien dans la zone tropicale qu'en Europe. Un des plus «sveltes» Longicornes, *Calamobius filum* (1) habite en Europe centrale et méridionale; sa larve vit dans les tiges

de Graminées. L'espèce *Molorchus minor* (2) est remarquable par ses élytres fortement tronqués et ses ailes membraneuses recouvrant librement l'abdomen. Très abondante en Europe, cette espèce se développe sur les Conifères mourants.

2 ♂

Rutpela maculata (PODA, 1761)

Long de 14 à 20 mm, cet Insecte brillamment coloré de jaune et noir vit en Europe, dans le Caucase et la Transcaucasie, le nord de l'Iran et de la Turquie. Les taches noires sur les élytres varient énormément. Ainsi, chez certaines espèces, les élytres sont entièrement jaunes et ornés uniquement aux extrémités et sur le côté d'un motif noir. À l'inverse, d'autres espèces ont les élytres noirs et seule la zone à la base des ailes est jaune, ainsi que deux petites taches ornant chaque élytre. Le mâle se distingue aisément de la femelle par les tibias postérieurs, légèrement incurvés et ornés de dents saillantes sur la face interne, alors que ceux de la femelle sont simples et non dentés. *Rutpela maculata* est polyphage. Sa larve se développe sur le bois mort en décomposition des Bouleaux, Chênes, Saules, Peupliers, Hêtres, Frênes, Charmes, Noisetiers et Châtaigniers. La femelle pond les œufs pendant les mois d'été, généralement dans les troncs et branches tombés à terre, et notamment dans ceux gisant dans la mousse ou un substrat humide, car elle les affectionne particulièrement. La larve blanche, apode, creuse dans le bois, à l'aide de ses pièces buccales, une profonde galerie dont l'axe est parallèle à celui du tronc ou de la branche attaquée. En fonction de la capacité d'alimentation dont regorge le substrat et de l'altitude, le développement larvaire dure entre 2 et 3 ans, et la larve adulte entre en nymphose entre mai et juin dans une loge nymphale incurvée située immédiatement sous la surface du bois. Les adultes apparaissent de mai à août, principalement sur les fleurs de Chardons et d'Ombellifères, dont ils mangent le pollen. Bien que *R. maculata* préfère les régions vallonnées et les biotopes de proche montagne, on la rencontre parfois en plaine et en montagne.

Rutpela maculata appartient à l'immense sous-famille des Lepturinés, dont les membres se distinguent des autres Longicornes par leur corps habituellement mince, un pronotum en forme de clochette et la tête qui semble rétrécie dans la zone postérieure, derrière les yeux. Vivant en Europe méridionale, *Leptura fulva* (1) est un autre Cérambycidé appartenant à cette sous-famille. Même si ses élytres sont habituellement de couleur paille bordée de noir, ils peuvent également apparaître entièrement noirs, ornés uniquement d'une raie transversale jaune à la base. La larve de *R. maculata* se développe dans le bois mort des feuillus.

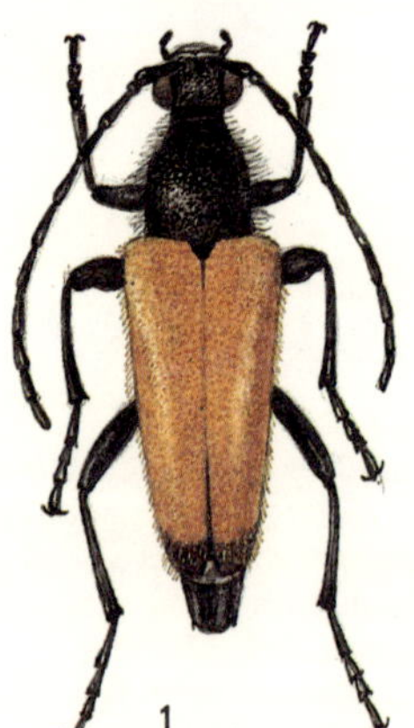
1

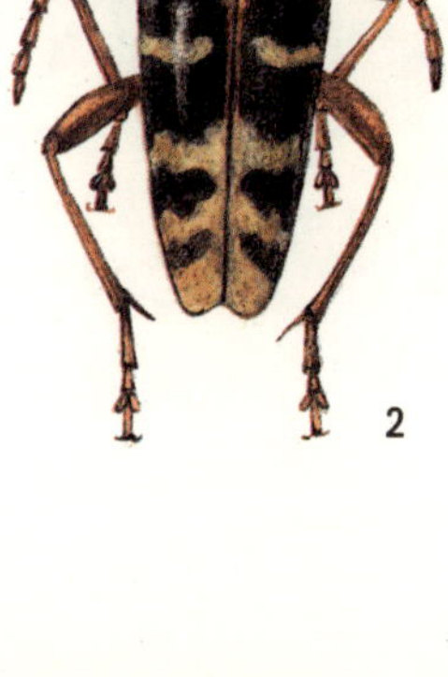

2

Vivant dans les régions chaudes d'Europe centrale et méridionale, *Plagionotus detritus* (2) illustre un exemple classique de mimétisme avec une espèce dangereuse d'Hyménoptère, en l'occurrence un Frelon. Sa larve vit dans l'écorce des Chênes mourants.

Bruche du Pois — Bruchidés
Bruchus pisorum LINNÉ, 1758 — *Bruchidae*

Bruchus pisorum, Insecte discret de 4 à 5 mm de long, constitue un sérieux nuisible des Pois. À l'origine, il peuplait la région bordant la Méditerranée, mais on le trouve aujourd'hui partout dans le monde, là où l'on pratique la culture du Pois. Il est intéressant de noter que les œufs grossissent dans le corps de la femelle et n'arrivent à maturité que si celle-ci mange du pollen de Pois. L'accouplement a lieu fin mai-début juin. Peu après, la femelle dépose plus de 700 œufs sur de jeunes cosses de taille moyenne ou sur des cosses entièrement développées mais encore tendres. Après 6 à 12 jours, les larves du premier stade larvaire éclosent. Elles mesurent 1 à 1,5 mm de long, ont le corps rose, la tête et les sclérites (plaques durcies du squelette externe) thoraciques marron, et des pattes bien développées. Elles progressent à l'intérieur de la cosse en forant dans la paroi une longue galerie sinueuse aboutissant à la graine, dont elles perforent le revêtement pour pouvoir pénétrer à l'intérieur. L'ensemble de cette progression dure 1 ou 2 jours. À l'intérieur de la graine, la larve (1) mue et se transforme en une larve apode semblable à celle des Curculionidés, blanche, très charnue, glabre et dépourvue de sclérites thoraciques. Dans le cas de *B. pisorum,* une seule larve se développe dans chaque graine. La fin du développement dure encore 5 à 7 semaines. Avant d'entrer en nymphose, la larve creuse de l'intérieur de la graine un trou circulaire qu'elle recouvre d'une fine membrane. La nymphose dure 20 à 23 jours et, dans les conditions climatologiques d'Europe centrale, l'adulte hiverne à l'intérieur de la graine. En Europe méridionale, ou bien dans les entrepôts chauffés, l'imago sort du Pois dès l'automne et hiberne dans le sol ou directement dans les entrepôts et les habitations. Les Bruchidés volent bien et au printemps, ils visitent en grand nombre les champs de Pois en fleurs.

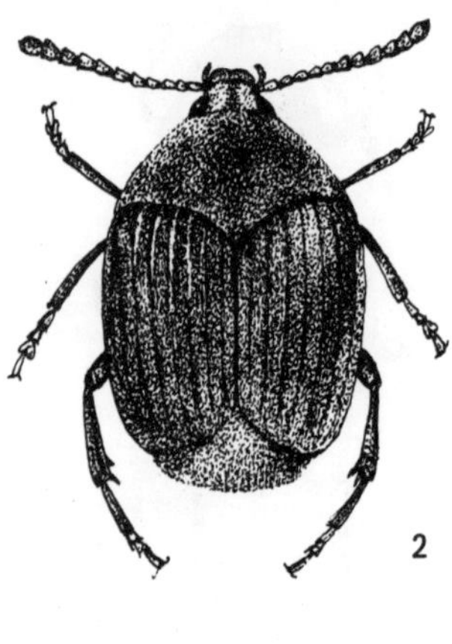

2

Du point de vue du régime alimentaire, de nombreuses espèces de Bruchidés sont inféodées à certains types de plantes (Pois, Lentilles, Haricots, Vesces, Gesses, etc.). Un des nuisibles le plus sérieux est l'espèce polyphage *Acanthoscelides obsoletus* qui s'attaque quasiment à toutes les cultures de Vesce et peut avoir plusieurs générations par an. Cosmopolite, elle est probablement originaire d'Amérique du Sud. Dans les régions plus froides, elle vit en

permanence dans les entrepôts et les habitations. Par ailleurs, de petites espèces du genre *Spermophagus* peuvent détruire les fleurs d'ornement car leurs larves se nourrissent des graines. *S. sericeus* (2) est une espèce abondante se développant dans les graines de *Convolvulus* (Liserons) et dans de petites espèces de Légumineuses.

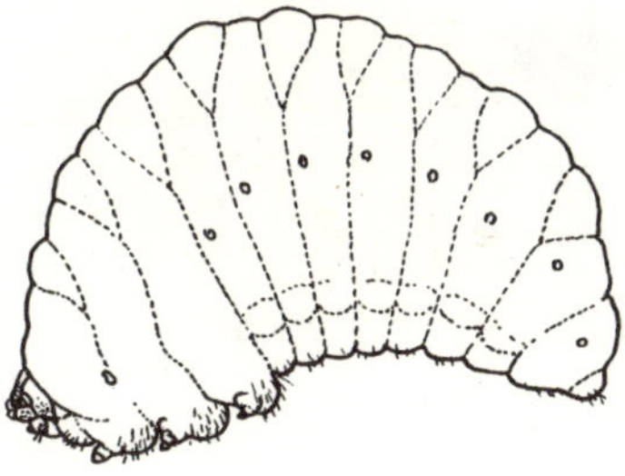

1

Donacia aquatica Linné, 1758

Donacia aquatica est un très joli Insecte vert-doré et pourpre métalliques, long de 6 à 10 mm, et habitant une grande partie de l'Europe. À l'instar des autres membres de la sous-famille des Donaciinés, dont il est un représentant typique, il vit à proximité de l'eau, dans les marécages et partout où le sol est inondé en permanence. On le rencontre sur les *Carex, Sagittaria* et *Glyceria aquatica.* À la fin du mois de mai, la femelle dépose les œufs sur les parties submergées de la plante dont la larve se nourrit. De type éruciforme et de couleur blanchâtre, les larves (1) mangent sous l'eau, forant des trous dans les plantes à l'aide de leur appareil buccal bien développé, puis aspirant la sève grâce à leur pharynx. Pour respirer, elles utilisent l'oxygène contenu dans les tissus de la plante hôte en perforant l'aérenchyme (tissu présentant des lacunes aérifères) avec les longs organes épineux pigmentés, en forme de crochet, situés à l'extrémité de l'abdomen. Puis elles pompent l'air au travers de la dernière paire de stigmates situés à la base de ces organes épineux. À la fin de l'été, la larve entre en nymphose sur les végétaux submergés, dans un cocon rempli d'air. L'imago émerge dès l'automne mais hiverne à l'intérieur du cocon, et n'apparaît à la surface de l'eau qu'à la fin du printemps de l'année suivante.

En Europe centrale, le genre *Donacia* est représenté par 25 espèces environ, qui se nourrissent toutes d'un type de plante hôte différent. On les trouve sur les *Carex,* les Roseaux, les Nénuphars jaunes et d'autres plantes aquatiques. Dans la majorité des cas, les espèces se ressemblent énormément, aussi bien par la taille que par la couleur.

1

Grâce à leur ingénieux organe perforateur situé à l'extrémité de l'abdomen, les larves des genres *Donacia* et *Plateumaris* peuvent vivre sous l'eau et consommer des aliments auxquels les autres espèces d'Insectes phytophages n'ont pas accès. Seules, les chenilles de plusieurs petites espèces de Papillons se nourrissent également de végétaux submergés, mais elles s'approvisionnent en air d'une autre façon. Lorsque l'on observe les organes épineux de l'abdomen (2) de plus près, on constate

2

qu'ils sont parcourus de petits canaux par lesquels l'air arrive à la base des stigmates. Ces épines fonctionnent donc comme une seringue lors d'un prélèvement sanguin. L'air circule passivement à l'intérieur de ces canaux, ou bien est guidé activement sous l'effet de «mouvements respiratoires».

Clytra quadripunctata (Linné, 1758)

Les membres de la sous-famille des Clytrinés, à laquelle appartient *Clytra quadripunctata,* se caractérisent par un corps robuste, cylindrique, des pattes assez longues, et, en règle générale, des taches jaunes et noires sur les élytres. L'imago mesure environ 7 à 11 mm de long et fréquente habituellement les Bouleaux, Aulnes, Saules et Peupliers. Il peuple l'ensemble de l'Europe, y compris la Scandinavie, ainsi que toute la Sibérie et l'Extrême-Orient, où on le rencontre généralement dans les plaines et les régions vallonnées. Les larves vivent dans les nids en forme de dôme des Fourmis du genre *Formica* (notamment *F. rufa*), et y sont tolérées dans l'indifférence. Une fois fécondée, la femelle de *C. quadripunctata* dépose ses œufs soit directement au bord de la fourmilière, soit sur la végétation avoisinante. Au moment de la ponte, la femelle enveloppe les œufs dans une capsule composée d'un mélange d'excréments et de sécrétions produites par une glande secondaire. La capsule qui contient les œufs, mesurant 2 mm environ et ressemblant à une pomme de Pin, est transportée par les Fourmis à l'intérieur de la fourmilière où la larve (1) éclôt. La nouvelle larve ne sort pas de la capsule, mais l'agrandit simplement au fur et à mesure qu'elle croît, en utilisant ses propres excréments. Cette larve ressemble légèrement au ver des Lamellicornes et ne quitte jamais sa capsule. Elle vit dans la fourmilière pendant 2 à 4 ans, se nourrissant de déchets organiques, et parfois aussi d'œufs de Fourmis. Pendant la période d'hibernation et de nymphose, la larve ferme la capsule à l'aide d'un bouchon de terre.

Le développement larvaire de *Clytra quadripunctata* montre que rien ne se perd dans la nature, y compris les déchets provenant des fourmilières. Bien sûr, la larve de *C. quadripunctata* est concurrencée par de nombreuses autres espèces de Coléoptères, des Staphylinidés aux larves de *Potosia cuprea.* Les larves d'autres espèces du genre *Clytra* vivent sur les feuilles des plantes dont elles se nourrissent. Cependant, même dans le feuillage, elles construisent des capsules relativement solides dans lesquelles elles demeurent tout au long de leur développement.

2 ♂

1

Une des espèces la plus abondante est *C. laeviuscula*, qui a des élytres orange, ornés d'une tache sombre à l'arrière plus large que chez *C. quadripunctata*, et fusionnant souvent pour former une bande transversale. Le mâle de l'espèce d'Europe méridionale *Labidostomis taxicornis* (2) est en apparence très exotique, avec son grand pronotum et surtout ses pattes antérieures bizarrement prolongées par des tarses dilatés.

Cryptocéphale soyeux — Chrysomélidés

Cryptocephalus sericeus (LINNÉ, 1758) — *Chrysomelidae*

Il appartient à la sous-famille des Cryptocéphalinés, qui se caractérise par un corps robuste, court, cylindrique, et comme son nom l'indique, par sa tête cachée sous le bord antérieur du pronotum formant capuchon. Les élytres de certaines espèces sont légèrement tronqués, laissant exposé le dernier segment abdominal. *C. sericeus* mesure environ 6 à 8 mm de long, a un aspect soyeux métallique, mais présente une grande variété de couleurs. On rencontre le plus souvent des spécimens vert ou bleu-vert métallique, et assez fréquemment des individus de couleur violette, bronze ou même bleu ciel. Le dessous du corps et le dernier segment abdominal qui dépasse des élytres sont recouverts de petites soies fines blanc-grisâtre, d'où le nom latin donné à cette espèce. *C. sericeus* peuple l'ensemble de l'Europe, son habitat s'étendant à l'est jusqu'à la Sibérie. Il est plus abondant dans les régions vallonnées et de proche montagne, mais vit aussi en plaine (notamment dans la zone nord de répartition de son habitat). On le rencontre aussi fréquemment en altitude dans les montagnes, parfois même au-dessus des limites de forêts. Les adultes affectionnent les fleurs jaunes des Composées, notamment de Pissenlit et d'Épervière piloselle. Ces Insectes se caractérisent par leur apparition simultanée sur une même fleur, en myriades d'individus de couleurs différentes. Lorsqu'ils se sentent menacés, ils soulèvent leurs pattes et tombent à terre, où ils peuvent rester immobiles pendant un long moment, simulant la mort.

1

Le genre *Cryptocephalus* est un des plus grands du monde si l'on considère le nombre d'espèces, environ 1 500, décrites à ce jour. Certaines se ressemblent énormément, différant uniquement par la structure des organes copulateurs du mâle et par le biotope. La majorité des espèces ne mangent qu'un seul type ou bien un nombre restreint d'aliments. Les larves vivent à l'extérieur des plantes, et comme dans la sous-famille des Clytrinés, dans des coques presque totalement verticales.

2

Certaines espèces se déplacent par un mouvement saccadé. Les espèces sont en majorité très colorées. Elles ont les élytres de couleur claire, ornés de motifs sombres, comme par exemple *Cryptocephalus quinquepunctatus* (1), assez abondant en Europe centrale sur les Saules et les Aulnes, et *C. vittatus* (2), dont la larve vit sur les Chrysanthèmes.

Doryphore
Leptinotarsa decemlineata (SAY, 1824)

Chrysomélidés
Chrysomelidae

Ce Coléoptère, originaire d'Amérique du Nord, a été introduit en Europe en 1877, où il a immédiatement entamé sa fantastique progression. Jusqu'à la Première Guerre mondiale, on est parvenu à limiter son expansion avec un relatif succès, mais pendant l'entre-deux-guerres, il a envahi l'ensemble de l'Europe et s'est même installé aujourd'hui en Union Soviétique et en Asie Centrale. Ce n'est plus qu'une question de temps avant qu'il ne colonise la région holarctique dans son ensemble. Le Doryphore est un Insecte aux couleurs assez vives, long de 1 cm environ. Les larves vivent sur les Pommes de terre, dont elles mangent les parties herbacées supérieures. Les œufs sont déposés en paquets sur la face inférieure des feuilles, chaque paquet contenant 5 à 160 œufs jaune-orange (30 en moyenne). Leur développement dure habituellement 6 à 12 jours et la jeune larve commence par dévorer les enveloppes des œufs vides avant de grignoter des petits fragments de feuilles au centre de celles-ci ; ce n'est que plus tard qu'elles s'attaqueront aux bords foliaires. La larve (1) traverse quatre stades larvaires au cours d'un développement qui dure 17 à 23 jours. Arrivée au terme de sa croissance, elle passe 4 ou 5 jours au stade quiescent, à 3—10 cm de profondeur dans le sol, où elle se nymphosera. Elle ne construit pas de loge nymphale. L'imago conserve son corps mou assez longtemps encore après avoir émergé. On peut observer une à deux générations par an, selon la température et la latitude. C'est la forme adulte qui hiberne dans le sol, à une profondeur assez importante.

La larve du Doryphore est extrêmement vorace et les troisième et quatrième stades larvaires peuvent être responsables de la défoliation complète des plants de Pomme de terre. Lorsqu'ils apparaissent par myriades et ne disposent pas d'une nourriture suffisante, ils se livrent alors à des actes de cannibalisme. Les Pommes de terre constituent leur nourriture de base, mais les larves parviennent à se développer sur d'autres Solanacées.

Phyllotreta undulata (2), membre de la proche famille des Alticidés, est un autre nuisible sérieux. Il cause des dégâts sur les graines de Colza, de Radis, de Navet et d'autres Crucifères, particulièrement à moyenne altitude et dans les endroits

1

relativement humides. Au printemps, la larve et l'imago peuvent dévaster les cultures de jeunes plants pendant plusieurs jours, et en juillet et août, la seconde génération est capable de détruire l'ensemble de la nouvelle récolte de Colza en un temps record. Les adultes de la seconde génération hibernent. On les rencontre un peu partout dès le début du printemps suivant.

2

Chrysomélidés
Timarcha tenebricosa (Fabricius, 1775) *Chrysomelidae*

Long de 12 à 20 mm, c'est le plus grand Chrysomélidé d'Europe. Il est presque sphérique et fortement bombé. Les pattes relativement longues se terminent par des tarses anormalement dilatés. La forme du corps est typique de toutes les espèces de *Timarcha*, dont on connaît une centaine de spécimens vivant principalement sur la côte nord de l'Afrique. Le genre n'est représenté en Europe que par 6 espèces, dont cinq ne vivent que dans les régions centrales et méridionales du continent. Cependant, *T. tenebricosa* se manifeste non seulement à l'est et au sud de l'Europe, mais aussi en Asie, jusqu'au Japon. Son habitat s'étend des steppes aux steppes arborées. Cette espèce a perdu la capacité de voler. Les adultes et les larves ont des mœurs nocturnes ; dans la journée, ils se cachent sous les pierres, les morceaux de bois, la mousse, ou simplement dans les déchets sous la plante hôte, *Gallium mollugo*. Ce n'est que par temps nuageux et frais, ou bien après une grosse averse, que l'on voit les adultes sortir dans la journée en rampant de façon hésitante. Le corps de la larve, mou, peu sclérifié, semble enflé et rappelle un peu la forme de la larve de Doryphore. Toutes les espèces de *Timarcha* sont de couleur sombre, habituellement noire ; quelques-unes sont légèrement métalliques. Elles ont toutes le même mode de vie et seules les plantes hôtes diffèrent. Dans les conditions sèches de la région méditerranéenne, elles partagent le même biotope que certaines espèces de Ténébrionidés, qui ressemblent beaucoup aux Coléoptères du genre *Timarcha*.

2

3

La sous-famille des Hispinés comprend essentiellement des espèces tropicales de forme extrêmement bizarre. En effet, leur corps est recouvert de longues épines denses. Ainsi, *Hispa atra* (1) est une espèce commune en Europe centrale et méridionale. Ses larves sont des mineuses des feuilles de différentes Graminées.

L'immense sous-famille des Cassidinés compte 3 000 espèces, en majorité tropicales, dont une quarantaine vit également en Europe. Les côtés du corps sont fortement développés ce qui donne à ces Insectes une forme aplatie, mince, avec des pattes totalement invisibles vues du dessus. *Cassida viridis* (Fig. 2) habite toute la région paléarctique. Sa larve (3) vit sur différentes Composées. Elle a le corps recouvert de longues épines, et celles situées sur le dernier segment abdominal portent des restes d'ancienne exuvie et des excréments formant une sorte d'écran de camouflage.

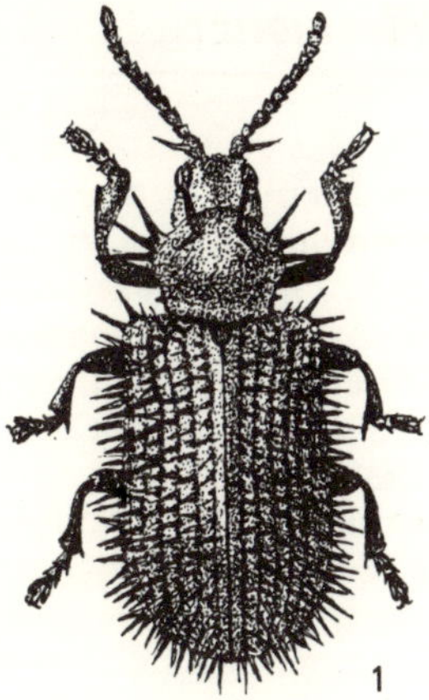

1

Anthribus albinus (LINNÉ, 1758)

La famille des Anthribidés compte environ 2 400 espèces, la plupart tropicales ; seules 25 d'entre-elles sont européennes. Elles se caractérisent par leur tête prolongée par un rostre court, arrondi et habituellement plat, rappelant légèrement certains Curculionidés. Cependant, à la différence de ces derniers, leur corps est aplati, anguleux, les élytres sont peu tronqués, et surtout les antennes ne sont pas géniculées (elles ne forment pas un angle). Une des plus grandes espèces européennes est *Anthribus albinus*, qui mesure 6 à 12 mm de long. Les mâles se distinguent aisément des femelles par leurs antennes très allongées. Cette espèce se rencontre quasiment partout en Europe, excepté dans le nord-ouest. Elle peuple les plaines et les régions vallonnées plantées de bois de feuillus et Conifères, ou uniquement de feuillus. C'est sur les branches et les troncs morts de ces arbres que les adultes apparaissent à la fin du printemps et en été. Ils ne sont pas très actifs, et grâce à leur coloration discrète et à un léger mimétisme avec les racines et l'écorce moisie, ils demeurent pratiquement invisibles. En cas de danger, ils se laissent immédiatement tomber à terre, simulant la mort. La femelle pond les œufs dans le bois mort attaqué par des champignons xylophages dont la larve se nourrira par la suite. Cette larve est apode, blanche, non sclérifiée (dépourvue de chitine), excepté la tête et surtout les pièces buccales. Elle est légèrement incurvée en forme de C. Les faces ventrale et dorsale des segments abdominaux et thoraciques, sont ornées de touffes de longs poils hérissés. On ignore presque tout du développement de la larve, si ce n'est qu'il s'étale sur deux années et que la nymphose a lieu au printemps. Les adultes sont totalement, ou au moins partiellement, mycophages.

1

Les larves du genre *Brachytarsus* ont un régime alimentaire spécialisé tout à fait particulier. En effet, elles vivent sous l'écorce des feuillus et des Conifères, où elles chassent des Coccidés (*Coccidae*) et des Mouches blanches (*Aleyrodoidae*). Elles sont donc très utiles. *B. nebulosum* (1) est un Coléoptère de 2 à 4 mm de long qui vit surtout sur les Épicéas où il chasse *Lecanium racemosum*. On le rencontre également sur d'autres arbres.

La famille des Anthribidés est particulièrement abondante dans les

2

régions tropicales d'Asie. Non seulement elle regroupe de véritables géants, comparés aux autres membres de la famille, mais elle est également passée maître dans l'art du camouflage, voire dans l'imitation d'autres Coléoptères. Ainsi, l'espèce japonaise *Mecotropis ogasawarai* (2) a des antennes tellement longues qu'on la confond au premier abord avec un Longicorne.

Byctiscus betulae (LINNÉ, 1758)

Les Coléoptères de la famille des Attélabidés sont apparentés et ressemblent aux Curculionidés, dont ils diffèrent au premier coup d'œil par leurs antennes non coudées. *Byctiscus betulae*, qui se manifeste dans l'ensemble de la région paléarctique, constitue en Europe un sérieux nuisible des vignes et des arbres fruitiers. Il s'attaque également aux Bouleaux, Érables, Trembles, Peupliers, Ormes, Tilleuls et Framboisiers. Les premiers adultes, ceux qui hivernent dans le sol, apparaissent à la fin d'avril et en mai. Ils se nourrissent essentiellement pendant 8 à 10 jours, de bourgeons, puis de feuilles dans lesquelles ils creusent de longues mines. Après s'être accouplé plusieurs fois, le mâle meurt, et la femelle dépose les œufs (4—10) dans des cigares qu'elle construit avec les feuilles de la plante hôte. Elle incise une partie de la tige de la feuille de façon à ce que cette dernière flétrisse tout en restant accrochée à l'arbre. Puis elle roule cette feuille et cimente le cigare avec une sécrétion visqueuse. Elle découpe toujours plus de feuilles que nécessaire. Les œufs sont pondus entre les différents feuillets du cigare, au fur et à mesure de la formation de celuici. Puis rapidement les cigares sèchent, brunissent, tombent à terre et commencent à pourrir. Les larves écloses pendant ce temps se nourrissent de cette matière en décomposition et parviennent au terme de leur croissance à l'issue de 3 à 5 semaines. Elles entrent en nymphose dans une loge nymphale située à 3—6 cm de la surface du sol. Les adultes apparaissent une à deux semaines plus tard et restent dans la loge jusqu'au printemps suivant.

Alors que l'imago résiste assez bien aux variations de température et d'humidité, la larve de *B. betulae* est assez délicate, si bien qu'un été humide et froid ou à l'inverse très chaud et sec peut détruire des populations entières de larves.

2

Les soins parentaux, caractéristiques de la famille des Attélabidés, sont tout à fait extraordinaires. En effet, plusieurs espèces roulent des cigares selon des plans variés, souvent complexes (1). Certaines roulent les feuilles en une spirale simple, d'autres modifient la direction dans laquelle est roulée la feuille, pratiquant différentes incisions et utilisant des modes de cimentation variés pendant la construction. Certains cigares n'ont qu'une ouverture, d'autres

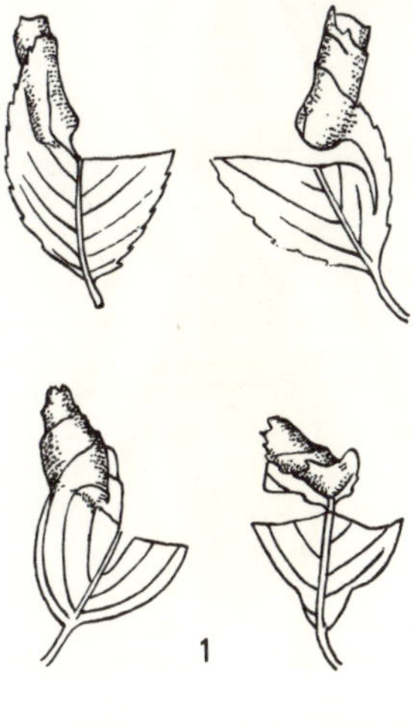

1

ont un fond, et parfois un couvercle et plusieurs cloisons. Il existe également des espèces dites « coucou » qui ne construisent pas elles-mêmes le cigare mais déposent leurs œufs dans celui des autres espèces. Cette famille présente également de nombreuses variétés de formes. L'espèce la plus étrange est *Paracycnotrachelus giraffa* (2), originaire de Madagascar.

Amorphocephalus coronatus (Germar, 1817)

La famille des Brenthidés compte 1 700 espèces, pour la plupart tropicales. Une seule vit en Europe. Du point de vue du biotope, ces familles appartiennent à deux catégories distinctes : les espèces qui se développent dans le bois et les tissus végétaux, et les espèces myrmécophiles, dont l'unique espèce européenne s'appelle *Amorphocephalus coronatus.* Cet Insecte long de 9 à 18 mm, à la coloration marron-rouille, peuple le sud de l'Europe, le nord de l'Afrique et l'Asie Mineure. Les adultes et les larves fréquentent surtout les fourmilières installées dans les souches pourries recouvertes de mousse, ainsi que dans celles situées sous les pierres. Le mâle a un rostre court et puissant armant la tête de structure complexe. À l'inverse, la femelle a une tête presque lisse et un rostre long et fin. Les larves des espèces de cette famille sont relativement allongées et sveltes (1), peu sclérifiées, avec le dernier segment abdominal, de forme arrondie à anguleuse, habituellement légèrement incurvé. La larve de *A. coronatus* se nourrit de champignons et de moisissures qu'elle trouve en quantité suffisante dans les fourmilières. L'imago apparaît après la nymphose, sans doute dès le début de l'automne, car ces Insectes pullulent très tôt au printemps. Parmi les larves qui se développent dans les plantes, on compte de nombreux nuisibles sérieux des cultures et des forêts. Les femelles, à l'aide de leur long rostre pourvu de mandibules à l'extrémité, percent dans les tissus des plantes des trous profonds dans lesquels elles déposent leurs œufs. Puis, la larve creuse elle-même des galeries, ou bien investit des galeries creusées par d'autres Insectes xylophages.

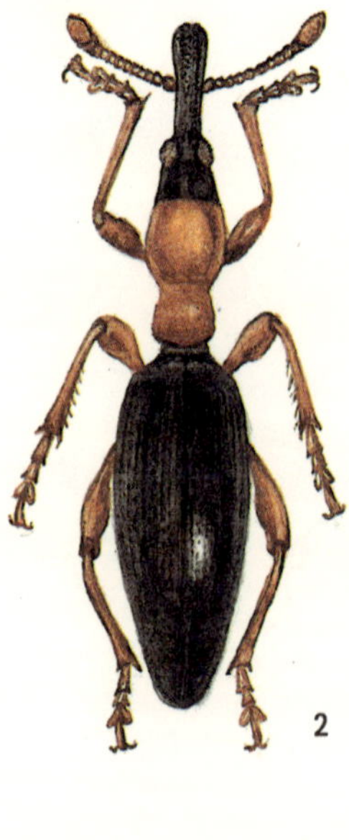

2

Les membres de cette famille présentent une incroyable variété de formes. Le corps est en principe cylindrique, lisse ou orné de sculptures complexes. Les élytres peuvent se prolonger en de longues épines droites ou recourbées, dilatées ou en forme de cuillère. De même, le rostre est long ou court, fin comme un fil ou épais, mais jamais incurvé comme chez les Curculionidés. La taille varie également énormément.

La famille apparentée des Apionidés comprend elle aussi de nombreux nuisibles sérieux, dont *Cylas formicarius* (2). Les adultes et les larves endommagent les Patates douces, plus exactement les tubercules de nombreuses plantes tropicales que consomment les habitants des tropiques.

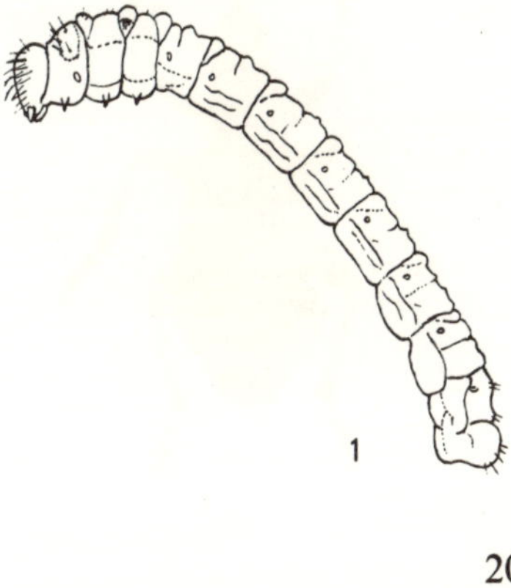

1

Apion de Pomone — Apionidés

Apion pomonae (FABRICIUS, 1798) — *Apionidae*

Mesurant 2,5 à 3,5 mm de long, cet Insecte bleu-vert est un nuisible sérieux de toutes les Légumineuses. Il peuple l'ensemble de l'Europe jusqu'à la Sibérie à l'est, et se manifeste partout excepté dans les régions de haute montagne. Les formes hibernantes se rassemblent en grand nombre sous les feuilles séchées, de l'automne au printemps, le plus souvent à la lisière des forêts, dans les haies, etc. Au printemps, dès les premières belles journées, elles s'envolent de leur cachette et visitent les nouvelles pousses de la plante hôte l'une après l'autre. À ce stade, les Coléoptères n'ont pas encore atteint leur maturité sexuelle et doivent d'abord se rassasier de jeunes pousses. Peu actifs, ils se laissent tomber au sol à la moindre alerte, simulant la mort. L'accouplement a lieu en mai et la femelle pond les œufs peu après, sur des pousses qui ne sont pas encore ouvertes. Tout d'abord, elle ronge un petit trou dans lequel elle ne dépose qu'un œuf, puis répète l'opération 10 à 50 fois. Les larves qui éclosent au bout d'une semaine sont blanches, apodes et ont la tête brune. Le corps court et charnu, légèrement incurvé en forme de croissant, porte des stries transversales et est hérissé de poils épars. Au début, la larve mange certaines parties des fleurs, puis elle pénètre en rampant à l'intérieur des graines. Le développement larvaire dure moins de trois semaines pendant lesquelles la larve mue trois fois. Le stade nymphal se déroule sur 5 à 10 jours. Les parents commencent à mourir lorsqu'apparaît la nouvelle génération, la longévité d'un adulte est d'environ un an. Le nouvel imago consomme une grande variété de plantes jusqu'au moment de la période d'hibernation débutant fin septembre. Ce n'est qu'à la sortie de l'hibernation que les Insectes ne se nourrissent plus que de Légumineuses.

2

Les espèces du genre *Apion* ont habituellement une couleur unique sombre, parfois métallique. Un peu plus colorée dans cette uniformité de couleur, l'espèce *A. frumentarium* (1) est commune dans les régions chaudes d'Europe et sa larve se développe dans les galles des racines d'Oseille. *A. apricans* (2) est un nuisible important du Trèfle. Il mesure 2,2 à 2,7 mm de long et sa larve attaque la base des ovaires des fleurs. On peut observer près de 8 larves dans une seule tête de Trèfle. Elles construisent leur loge nymphale

1

à l'intérieur du réceptacle, détruisant ainsi les futures fleurs. L'adulte hiberne sous les feuilles, la mousse, etc. Certaines années, les attaques de Trèfle par de très nombreux Insectes peuvent entraîner une perte de la récolte de semences de 20 %.

Hylobie du Sapin ou **Charançon brun du Sapin** *Hylobius abietis* (LINNÉ, 1758)

Curculionidés

Curculionidae

L'Hylobie du Sapin est un redoutable nuisible des forêts qui se manifeste dans l'ensemble de la région paléarctique. Il mesure 8 à14 mm de long. Après s'être accouplée plusieurs fois, la femelle pond ses œufs (50 à 100) pendant tout le printemps et l'été, dans l'écorce des racines des souches de vieux Pins, Épicéas, Sapins et Mélèzes fraîchement abattus. Les larves apodes, blanches à tête brune, éclosent 2 à 3 semaines plus tard. Tout d'abord, elles mangent le phloème (tissu conducteur de la sève élaborée), puis s'attaquent au liber dans lequel elles creusent de longues galeries qui se remplissent de poudre de bois. Avant d'entrer en nymphose, elles creusent une cellule nymphale en profondeur dans le bois et en bouchent une des extrémités avec de la poudre. Parfois, les nouveaux adultes sortent dès septembre et octobre. Cependant, la majorité des larves hivernent et n'entrent pas en nymphose avant le printemps suivant. Les adultes vivent plusieurs années. En avril, mai et juin, ils se rassemblent à la lisière des clairières et s'accouplent. Lorsque les Insectes se nourrissent à un rythme rapide, les jeunes plants sont alors complètement criblés de trous et meurent. En juin, les adultes s'envolent vers la couronne des arbres poussant aux lisières des forêts exposées au soleil, et rongent les branches. À l'automne, ils redescendent à terre, où ils hibernent sous le bois et les morceaux d'écorce tombés au sol, ainsi que dans la litière tapissant la forêt. Pour détruire ce nuisible, on utilise de la résine fraîche. Le piège est composé de deux morceaux d'écorce liés, les côtés internes se faisant face et entourant une poignée de jeunes brindilles. Il faut remplacer ces pièges tous les huit ou dix jours et les brûler.

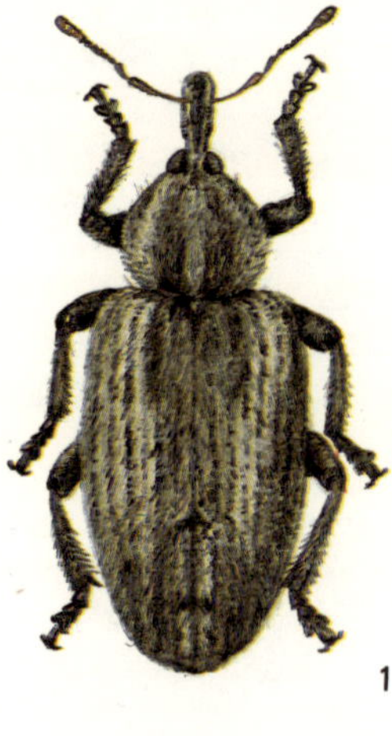

1

L'espèce *Phytonomus variabilis* (1) qui se nourrit de Trèfle et de Luzerne est un autre grand fléau appartenant à la famille des Charançons. L'accouplement se déroule à la fin de l'été, et la ponte a lieu en septembre et octobre sur les tiges des feuilles. Les œufs et certaines larves hibernent. La larve (2), de couleur verte, a des pattes rudimentaires et ce sont les pseudopodes des segments abdominaux qui servent d'organes locomoteurs pour les déplacements sur la plante. Au printemps, les larves commencent à manger les bourgeons et les jeunes feuilles, dans lesquels elles découpent des trous irréguliers avec leurs pièces buccales. Puis elles hibernent et à la fin du mois de mai de la seconde année, elles descendent sur le sol et entrent en nymphose sous les restes de végétaux, les tas de terre ou à une faible profondeur dans le sol. La

nymphose dure 12 à 15 jours. Les jeunes adultes se nourrissent de la plante hôte et passent les mois de juillet et août cachés sous les pierres et parmi la végétation. Ils ne réapparaissent ensuite qu'à partir de septembre.

2

Charançon de l'Épicéa
Magdalis violacea (LINNÉ, 1758)

Curculionidés
Curculionidae

Le genre *Magdalis* embrasse la plupart des nuisibles secondaires des forêts, c'est-à-dire des espèces dont les larves se développent sur des arbres déjà malades ou infestés par d'autres nuisibles. *M. violacea* mesure 3 à 4 mm de long. Il est entièrement de couleur bleu-violet et s'attaque principalement aux Épicéas, moins fréquemment aux Pins. Au printemps, la femelle pond des œufs jaunâtres dans les branches et tiges les moins robustes des arbres affaiblis. Tout d'abord, la femelle creuse un trou peu profond dans l'écorce et y dépose plusieurs œufs. Les nouvelles larves sont jaunes, apodes et ont le corps nettement incurvé et enflé à l'avant. Toute la tête est rétractée dans le thorax ; seules les pièces buccales dépassent. La larve a la même apparence générale que celle des Coléoptères corticoles. Les larves vivent groupées et creusent des galeries sinueuses irrégulières et voisines dans les couches les plus profondes de l'écorce. Puis elles vivent séparément et continuent de creuser toujours plus profond dans le bois. En général, les galeries s'ouvrent parallèlement à l'axe longitudinal des branches et ressemblent à de profonds sillons. La larve continue de s'alimenter jusqu'à l'automne, puis hiberne et se nymphose tardivement au printemps dans une loge spéciale creusée à l'extrémité de la galerie. Les adultes vivent plusieurs mois et mangent les pousses et les feuilles de la plante hôte sans causer de gros dégâts. Une des espèces du genre *Magdalis, M. armigera,* vit sur les Ormes en compagnie des Coléoptères corticoles du genre *Scolytus* et transmet le champignon parasite de l'Orme qui détruit de nombreux arbres.

1

Un des Charançons les plus nuisibles, préjudiciable aux Conifères et surtout aux Sapins, est le Coléoptère *Pissodes picae* (1), long de 7 à 10 mm, qui s'attaque aux vieux arbres, des racines à la couronne. Les femelles déposent leurs œufs dans des trous profonds qu'elles creusent dans l'écorce, jusqu'au phloème (tissu conducteur de la sève élaborée). Les larves percent des galeries sinueuses et toujours plus importantes dans l'écorce (2). C'est là, sous l'écorce, entre le liber et le phloème, qu'elles entrent en nymphose à l'intérieur d'une loge ovale au-dessus de laquelle elles construisent une sorte de toit constitué

de fragments de bois relativement longs et épais. Les troncs attaqués par ce nuisible laissent suinter de la résine en de nombreux endroits, notamment à proximité des croisements de branches et des vieux nœuds du bois. Les adultes vivent 1 ou 2 ans. Il existe 8 espèces de *Pissodes* en Europe centrale, toutes provoquant d'importants dégâts dans les forêts de Conifères.

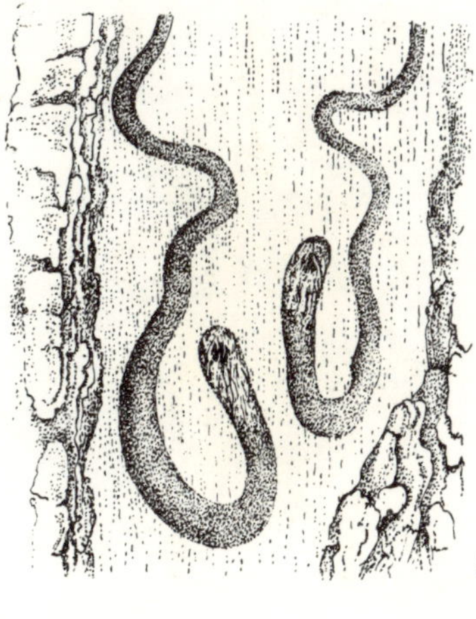

2

Otiorrhynchus ligustici (LINNÉ, 1758)

Les Charançons du genre *Otiorrhynchus* sont robustes, se déplacent lentement, ont les ailes membraneuses atrophiées et les élytres fusionnés. Ils comptent plusieurs nuisibles des forêts et des cultures. L'un d'entre eux, le polyphage *Otiorrhynchus ligustici,* est notamment préjudiciable aux Légumineuses et Chénopodiacées et surtout à la Betterave sucrière. Il se manifeste partout dans la région holarctique. Les mâles étant extrêmement rares, la reproduction est généralement parthénogénétique. *O. ligustici* est un des rares membres du vaste genre *Otiorrhynchus* à avoir des mœurs diurnes. Les œufs sont pondus en paquets de 20 à 60 unités, à 2—5 cm de profondeur du sol et à proximité des plantes que consomme la larve. La ponte peut s'étaler sur trois mois. Deux à trois semaines plus tard, les larves éclosent et mangent d'abord les collets des jeunes plantes, puis elles creusent un terrier profond dans le sol pour atteindre les racines, dévorant entièrement les plus fines et creusant dans les plus grosses des passages larges de 2 à 5 mm qu'elles remplissent de fine sciure et d'excréments. Elles hivernent dans le sol à 5—75 cm de profondeur, à l'intérieur de loges ovales. Arrivée au terme de sa croissance, la larve reste dans la loge jusqu'en juin de l'année suivante et s'y nymphose. Les larves immatures continuent de s'alimenter au printemps et hivernent une seconde fois. Le développement larvaire comporte 7 stades. La nymphose dure 20 à 30 jours. Le développement s'étalant sur deux ans (3 dans des conditions difficiles), il ne peut avoir lieu sur les plantes annuelles.

1

Les Charançons du genre *Curculio* se caractérisent par leur « museau » extrêmement long et fin. L'espèce *C. nucum* (1) vit dans les Noisetiers et mange les feuilles et les jeunes fruits qui sont ensuite infestés par les champignons. Au moment de la ponte, la femelle perce d'abord un trou profond dans la noisette, puis dépose les œufs sur le bord et enfin les pousse au fond du trou à l'aide de son long museau. Huit à dix jours plus tard,

2

lorsque l'orifice s'est refermé, la larve éclôt, entraînant la formation d'une sorte de galle dont elle se nourrit. Puis elle mange toute l'amande jusqu'à ce qu'il ne reste plus dans la coque que ses excréments (2). À l'automne, elle creuse un trou dans cette dernière, se laisse tomber au sol, s'y enterre (jusqu'à 25 cm de profondeur) et se nymphose dans une loge rigide. L'imago n'apparaît guère avant la fin du printemps suivant.

Scolyte typographe Scolytidés
Ips typographus (Linné, 1758) *Scolytidae*

Le Scolyte typographe est un des pires fléaux des plantations d'Épicéas ; il n'est surpassé de ce point de vue que par les incendies de forêts. On le trouve dans toute la région paléarctique, à l'exception de la péninsule ibérique. Les adultes commencent à pulluler dès la première semaine de mai, pas avant juin en montagne. Les mâles choisissent un arbre et creusent une « chambre nuptiale » dans l'écorce. Un à deux jours plus tard, les femelles, habituellement au nombre de deux, arrivent dans la chambre pour copuler. Puis chacune d'entre elles commence à creuser sa propre galerie, toujours dans le sens vertical — une (ou deux) vers le haut, et une (ou deux) vers le bas. De chaque côté de la galerie, la femelle ménage des encoches dans lesquelles elle dépose un œuf, puis elle prépare les fondations de 20 à 100 galeries latérales. Les larves qui éclosent 5 à 14 jours plus tard sont blanches avec la tête brune et le corps non sclérifié (dépourvu de chitine) incurvé en forme de croissant (1). La larve mue 4 à 5 fois au cours de son développement qui dure 26 à 113 jours, selon la température. Elle creuse un trou dans le phloème (tissu conducteur de la sève élaborée) et ouvre une galerie latérale orthogonale à celle de la femelle. La galerie latérale mesure 6 cm de long, est légèrement ondulée et élargie à son extrémité. L'ensemble des galeries (2) est caractéristique de l'espèce et ne peut être confondu avec les constructions d'autres Coléoptères corticoles. Les galeries larvaires s'achèvent par une loge nymphale plus large. Le développement complet dure 7 à 10 semaines (pour les générations qui n'hibernent pas) et on compte habituellement deux générations par an. L'imago doit se nourrir pendant trois semaines avant d'atteindre la maturité complète.

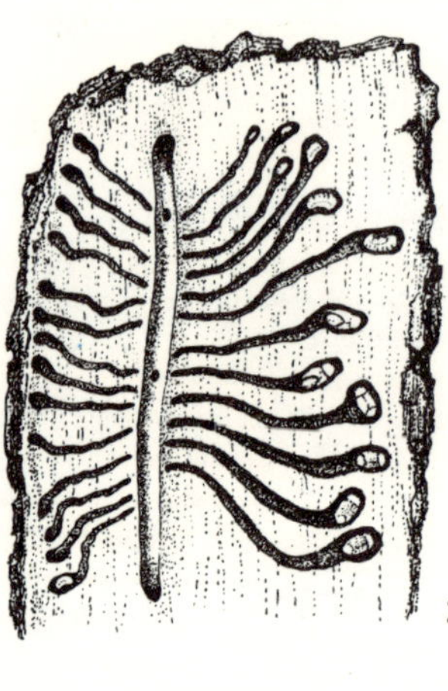

2

Les meilleures conditions de développement du Scolyte typographe lui sont fournies par les plantations endommagées par le vent ou la neige. Les Insectes affectionnent alors les arbres déracinés ou bien les troncs couchés sur le sol. La génération suivante trouve également des endroits propices à son développement dans les troncs inclinés, au système racinaire endommagé. Cependant, lorsque la seconde génération a terminé son développement, la nourriture dans la zone dévastée devient insuffisante pour les myriades d'Insectes présents, et ces

derniers s'attaquent alors aux arbres sains, notamment ceux situés à la limite de la zone dévastée. De là, le fléau s'étend habituellement de façon circulaire jusqu'à infester l'ensemble des plantations. Le meilleur moyen de contrôler le Scolyte typographe consiste à éclaircir les zones touchées et à brûler les écorces détachées au moment opportun.

1

Pityokteines curvidens (GERMAE, 1824)

Cette espèce est un nuisible sérieux des forêts. Longue de 2,5 à 3 mm, elle a le corps cylindrique, roux-marron. Les élytres présentent des dents caractéristiques à leur extrémité. Ces Insectes pullulent en mars et avril. En règle générale, 3 à 4 galeries principales ramifient à partir de la chambre nuptiale, le plus souvent dans le sens horizontal. Ces galeries représentent donc un I majuscule ayant de longues barres transversales. Les galeries des larves aboutissent, lorsque l'écorce est mince, aux cellules nymphales situées dans le liber. Lorsque l'écorce est épaisse, les cellules nymphales sont situées dessous. En juillet, on voit déjà apparaître la seconde génération. Les nouveaux adultes forent, dans l'écorce des arbres sains poussant à la lisière de la forêt, des trous à l'intérieur desquels ils hibernent. Sur ces troncs, on voit alors nettement la résine suinter. Les larves et nymphes de la deuxième, voire de la troisième génération, hibernent également. Par contre, à haute altitude, on ne compte qu'une génération par an. *Pityokteines curvidens* attaque d'abord et principalement les arbres à la lisière des forêts, ou bien les Sapins des plantations clairsemées. Les arbres poussant à l'ombre et dans les bois touffus sont en général épargnés. Avec la pollution atmosphérique, cette espèce constitue une des causes principales de disparition des Sapins en Europe. De plus, même si les arbres sont peu attaqués par les Coléoptères corticoles, ces derniers apportent avec eux toutes sortes de moisissures et champignons qui aident et accélèrent la destruction des arbres. Cependant, ces Coléoptères ont de nombreux ennemis, dont principalement les larves de Staphylinidés, Histéridés, Nitidulidés, et Raphidioptères.

1

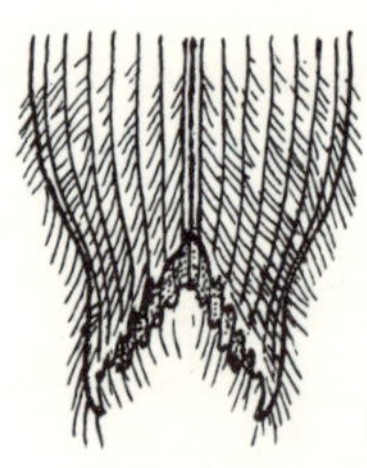

3

Encore récemment, les Platypodidés étaient classés dans la sous-famille des Scolytidés, mais ils constituent désormais une famille à part entière, quoique très voisine de celle des Scolytidés. *Platypus cylindrus* (1) provoque des dégâts techniques, surtout

sur le bois de Chêne. Les Insectes pullulent en juillet et attaquent à la base les arbres endommagés. La larve (2), blanche, cylindrique et presque glabre, creuse des galeries de section circulaire à 15 cm de profondeur, repoussant des copeaux de bois assez gros et se distinguant ainsi des larves de Coléoptères corticoles. Cette espèce s'attaque aussi plus rarement aux Hêtres, Ormes et Frênes. Les autres espèces européennes de cette famille varient nettement par la forme de l'extrémité des élytres. Ainsi, alors que ceux de *P. cylindrus* ont une extrémité arrondie (1), ceux de *P. oxyurus* se terminent par deux longs organes épineux (3).

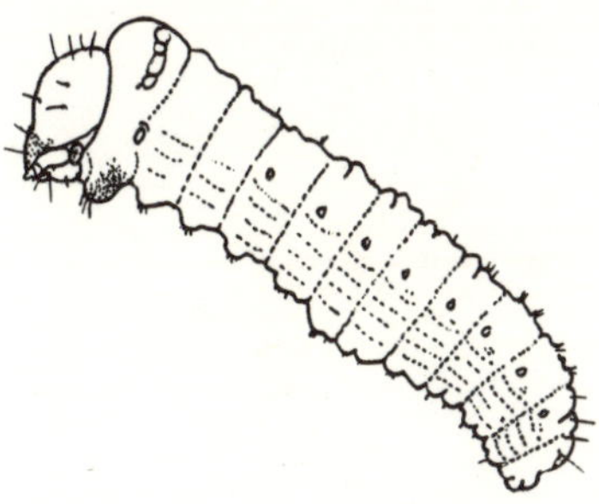

2

Index des noms français

Index des noms latins

TABLE